Sandrine WILLAIME
6, rue de la Houblonnière
67370 GRIESHEIM s/SOUFFEL
Tél. 88 56 11 85

# Britannicus

Trans.:

Timberlake Westerbaker.

# Racine

# Britannicus

*Tragédie*

1669

Préface de Guy Dumur
Commentaires et notes
d'Alain Viala

Le Livre de Poche

*Texte conforme à l'édition de 1697.*

Alain Viala est professeur à l'Université de Paris III-Sorbonne Nouvelle. Spécialisé dans la sociologie de la littérature, en particulier de la période classique. Il a consacré sa thèse à *La Naissance des institutions de la vie littéraire* (1983, Édition A.R.T., Lille, 1985).

Auteur de *Naissance de l'écrivain - Sociologie de la littérature à l'âge classique* (Paris, Éditions de Minuit, collection « Le Sens commun », 1985). · Coauteur de l'édition de *Racine - Théâtre complet* (Paris, Garnier, 1980). · Nombreux articles sur la littérature classique. Un des principaux collaborateurs du *Dictionnaire des littératures de langue française* (Bordas, 1984). · Coauteur également d'ouvrages et articles sur la lecture, en particulier *Savoir lire* (Paris, Didier, 1982).

# Une nouvelle approche du théâtre

*Le théâtre est échange entre le comédien et le public. Le Livre de Poche Classique, en publiant une série « Théâtre », cherche à développer cette même complicité entre l'auteur et son lecteur.*

*Nous avons donc demandé à des metteurs en scène, à des comédiens, à des critiques de présenter la pièce et de nous faire partager leur joie de créateur. N'oublions pas que le théâtre est un jeu, « une scène libre au gré des fictions », disait Mallarmé. L'acteur, en revêtant son costume, « change de dimension, d'espèce, d'espace » (Léonor Fini).*

*Ici, la préface crée l'atmosphère à laquelle est convié le lecteur.*

*Mais il fallait éclairer la pièce. On ne peut aborder avec profit les chefs-d'œuvre du répertoire sans connaître les circonstances de leur création, l'intrigue, le jeu des personnages, l'accueil du public et de la critique, les ressorts dramatiques. Nous avons laissé le lecteur à la libre découverte du texte, mais aussi, pour le guider, nous avons fait appel à des universitaires, tous spécialistes du théâtre.*

*Nous avons voulu, en regroupant en fin de volume les Commentaires et les Notes, débarrasser le texte de ses « spots » scolaires. Toutes les interrogations qu'un élève, qu'un étudiant ou qu'un lecteur exempt de contrainte peuvent se poser, sont traitées dans six rubriques. Une abondante annotation vient compléter cette analyse.*

*Notre souhait a été de créer pour le théâtre de véritables Livres de Poche ayant leur place dans notre série Classique.*

L'Éditeur.

*Marie Bell (Agrippine),
Jean Marais (Néron).
(Comédie-Française, 1952.)*

# Préface

## QUAND NÉRON PREND LE POUVOIR...
### (Souvenirs d'un critique)

Jouer Racine aujourd'hui... La difficulté paraît insurmontable. Depuis que, en 1939, Gaston Baty a monté *Phèdre* qu'il désignait — déjà ! — comme tragédie « janséniste », la discussion n'a pas cessé[1]. « Le plus grand écrivain de toute notre littérature », comme l'affirmait Giraudoux dans son bel essai sur Racine, est probablement le plus difficile à représenter. Roland Barthes a montré pourquoi dans un des textes qui composent son recueil *Sur Racine*[2], à propos d'une représentation de *Phèdre* au T.N.P., sous la direction de Jean Vilar, avec Maria Casarès (en 1958). Vilar qui, justement, déclarait Racine injouable...

Barthes rappelle que Racine est connu du public de manière « anthologique ». De ses tragédies, on n'a retenu que de beaux vers séparés de tout contexte (*La fille de Minos et de Pasiphaé — Le jour n'est pas plus pur que le fond de mon cœur*, etc.). L'acteur — on n'ose plus dire « le tragédien » — a alors tendance à mettre en valeur ces vers connus de tous afin de flatter, dit Barthes, le goût du public bourgeois pour le « discontinu » : « Tout se passe, écrit-il, comme si la diction racinienne

---

1. Sait-on qu'Antoine avait confié à deux femmes les rôles de Néron et de Britannicus, à l'Odéon, au début du siècle ?
2. Seuil, 1963 et 1979.

était le résultat bâtard d'un faux conflit entre deux tyrannies contraires et pourtant illusoires : la clarté du détail et la musicalité de l'ensemble, le discontinu psychologique et le continu mélodique... » En dépit de ces obstacles, on a beaucoup joué Racine depuis que Barthes a écrit ces lignes. À notre connaissance, seuls de très rares acteurs — Barthes citait Alain Cuny dans *Thésée* — ont résolu le conflit.

Hormis les problèmes de diction et de sens, déjà débattus par Gide et Valéry, le style de la représentation n'est pas facile à trouver. Faut-il situer dans le temps la tragédie racinienne, et à quelle date ? Époque gréco-romaine, époque Louis XIV, teintée ou non d'Antiquité ? Époque résolument moderne ? On a sans cesse oscillé entre ces solutions, adoptant de plus en plus, pour les mises en scène traditionnelles, la reconstitution d'époque Louis XIV — sans chercher d'ailleurs à rapprocher Racine de Poussin, peut-être le peintre qui lui ressemble le plus.

Si encore il ne s'agissait que d'acteurs et de décorateurs ! La difficulté majeure viendrait, si l'on en croit Lucien Goldmann[1], de ce que Racine est, depuis l'Antiquité, le seul auteur qui ait écrit des *tragédies.* Pour Goldmann, le *fatum* antique a resurgi à travers le jansénisme et son « Dieu caché ». Ce *deus absconditus* est symbolisé dans *Andromaque* par le tombeau d'Hector ; dans *Bérénice,* par le peuple romain ; dans *Phèdre,* par le soleil — intercesseurs qu'on implore en vain... Phénomène de société à une époque donnée, la tragédie n'a plus cours aujourd'hui. Nous ne connaissons que le drame.

Avec Voltaire, s'était imposée, dès le XVIIIe siècle et tout au long du XIXe siècle, l'idée que, la mise en scène

---

1. Dans *Le Dieu caché,* Gallimard, 1956 et 1967 et *Racine,* L'Arche, « Les Grands Dramaturges », 1959 et 1970.

étant réduite aux prouesses de l'acteur, de grands tragédiens et, surtout, de grandes tragédiennes étaient capa-
bles de retrouver cette angoisse par la seule force de leur
talent. D'Adrienne Lecouvreur à Sarah Bernhardt, de
Talma à Mounet-Sully, la liste est longue des « monstres
sacrés » qui ont perpétué jusqu'à nous le règne des
grands interprètes, sans lesquels on ne devait pas pouvoir jouer Racine. C'est une de ces tragédiennes qu'évoque si bien le narrateur d'*À la recherche du temps perdu*
sous le nom de « la » Berma... C'est encore cette
conception qui a prévalu à la Comédie-Française pendant toute la première moitié du xxᵉ siècle, avec
Mme Segond-Weber, Marie Bell, Annie Ducaux, Yonnel
et bien d'autres. Il aura fallu qu'y entre Jean-Louis
Barrault pour que, en 1943, nous voyions une *Phèdre,*
avec décors et costumes (de Jean Hugo) d'inspiration
crétoise, qui, après celle de Gaston Baty, répondît à une
*totalité* de la mise en scène. On allait peu à peu aban-
donner l'idée que les tragédies de Racine pouvaient
toutes appartenir au même style d'interprétation : l'expérience mérite cependant d'être encore tentée.

Justement, *Britannicus* est la tragédie qui, au cours de
ces dernières années, aura subi les traitements les plus
diversifiés. Tantôt, on a cherché à la rattacher à la tradition que nous venons d'évoquer et tantôt on a essayé
d'en exalter le sens (« la prise du pouvoir »). Ou bien,
entre Agrippine et Néron, un combat de grands fauves.
Ou bien une tragédie politique, ou bien... Patience, les
avatars de la mise en scène racinienne sont riches d'im-
prévus.

« Monstres sacrés » : l'expression a été remise à la
mode par Jean Cocteau, donnant ce titre à une de ses
pièces, en 1940, avec Yvonne de Bray. Mobilisé, Jean
Marais n'avait pu y jouer. Célèbre par son interprétation
des *Parents terribles* et du film *L'Éternel Retour,* avant
et pendant la guerre, ce comédien était trop proche de

Cocteau pour échapper à toute une mythologie, dont l'auteur des *Monstres sacrés* avait la nostalgie. Au printemps de 1944, Marais joue *Andromaque* avec Alain Cuny, Michèle Alfa et Annie Ducaux. Il encourt les foudres du ministre de l'Intérieur et propagandiste du gouvernement de Vichy, Philippe Henriot — assassiné peu après —, qui lui reproche « d'avoir exhibé ses cuisses pendant que les Anglais bombardent la France ». Aux yeux du public, les représentations d'*Andromaque* passent pour un acte de résistance. La guerre finie, Jean Marais revient à Racine, cette fois avec *Britannicus,* dans un théâtre de boulevard. Ancienne actrice de chez Jouvet, Gabrielle Dorziat est Agrippine... Les années passent. Jean Marais est de plus en plus célèbre. Fin 1951, le nouvel administrateur de la Comédie-Française, Pierre-Aimé Touchard, décide d'engager Jean Marais pour jouer *Britannicus,* cette fois sur une scène consacrée.

J'ai vu cette représentation. J'ai eu entre les mains les dossiers de presse la concernant. On n'a guère idée aujourd'hui de la publicité donnée à cet « événement ». Elle égale celle qui fut faite, la même année, pour l'arrivée de Gérard Philipe à Avignon et au T.N.P.... Aux yeux des courriéristes, Jean Marais symbolisait la modernisation de la Comédie-Française, où n'avait pénétré jusque-là aucune vedette de cinéma.

Marais avait réalisé décors et costumes : statue et colonnes immenses, grands manteaux de pourpre : la romanité vue par un grand couturier. Néron était beau, certes, dans sa cuirasse dorée, mais le rôle excédait les moyens de Jean Marais. Entouré de « tragédiens » plus sûrs, telle Marie Bell — à mes yeux, la dernière grande interprète de Racine —, de Renée Faure, d'Aimé Clariond, spécialiste des rôles de traîtres, en Narcisse, de Jean Chevrier, spécialisé dans les rôles d'officiers à l'écran, en Burrhus, Jean Marais n'était que ce qu'il pouvait être : une vedette de cinéma égarée parmi des professionnels de Racine. On a parlé à son propos de « cabotinage décadent ». Ayant trait à Néron, cela pouvait passer pour un compliment... Marais n'avait pas que des admirateurs. Il eut l'imprudence, pour justifier la sincérité de son jeu, de déclarer : « Je ne joue pas pour les élèves des khâgnes. » Froissés par cette remarque, les khâgneux des lycées de Paris décidèrent de venir l'interpeller à chaque représentation. L'un d'eux, devenu critique de théâtre, me racontait qu'il avait été chargé, après que Néron-Marais disait à Agrippine : « *Mais Rome veut un maître, et non une maîtresse* », de crier : « *Oui ! Oui !* » Mais, avec l'Opéra, la Comédie-Française n'est-elle pas le dernier théâtre où les passions se déchaînent à haute voix ?

Plus « monstre sacré » que nature, Robert Hirsch devait composer, dix ans plus tard, toujours à la Comédie-Française, un Néron bien plus intéressant. Ce grand acteur, parcouru de tics nerveux, toujours excessif, abordait la tragédie pour la première fois. Il passait de Molière et de Labiche aux grandes orgues de Racine. Dans une mise en scène (de Michel Vitold) qui ne m'a pas laissé grand souvenir et, une fois de plus, entouré de solides acteurs, son Néron touchait à l'hystérie. La critique voyait en lui un personnage « cyclothymique, morbide et délirant ». Parce que le metteur en scène était d'origine russe, on a même soupçonné cette représentation de vouloir tirer Racine du côté de Dostoïevski... Robert Hirsch était peut-être plus à sa place lorsqu'il jouait Arturo Ui, le gangster de Chicago auquel Brecht prête le destin de Hitler. Les deux images, celle de Néron et celle d'un pseudo-Hitler — mais il faudrait leur ajouter celle du bossu sanguinaire Richard III, que Robert Hirsch a aussi joué — se confondent dans nos mémoires, comme vérifiant la prophétie d'Agrippine :

Et ton nom paraîtra dans la race future
Aux plus cruels tyrans une cruelle injure.

Ce que Barthes nommait « le sens fermé » par opposition au « sens tremblé » de « l'être trans-historique de la littérature », c'est bien vers quoi évoluait l'interprétation de *Britannicus* à la Comédie-Française elle-même, lorsque, en 1978, Jean-Pierre Miquel transposait cette tragédie dans le monde actuel. Nous avons mentionné *La Résistible Ascension d'Arturo Ui,* de Brecht, qui parodie l'histoire du IIIᵉ Reich en la situant parmi les gangsters des années 30. Jean-Pierre Miquel déclarait, lui, que *Britannicus* lui apparaissait comme « une histoire de gangsters chez des gens bien élevés ».

Nous n'étions plus à Chicago, mais nous nous rapprochions des *Damnés,* le film de Visconti sur les débuts du nazisme dans une grande famille d'industriels allemands. Décor de palais présidentiel, style fasciste, froid et fonctionnel, avec quelques éléments « romains ». Smoking ou jaquette pour les personnages masculins, robe perlée ou tailleur blanc pour les dames, uniforme de milicien botté pour les gardes... Froid et impassible, le Néron de Jean-Luc Boutté promenait sa silhouette hautaine face à une Agrippine jouée par Denise Gence, que l'on avait davantage l'habitude de voir dans des rôles de composition. Agrippine devenait une « genitrix » de bonne bourgeoisie. Britannicus (Francis Huster) était un jeune dandy insouciant et Junie (Ludmila Mikaël), une jeune fille qu'aurait pu décrire Giraudoux, Jean-Pierre Miquel et ses interprètes mettaient une sourdine aux accents tragiques qui, même chez Jean Marais ou Robert Hirsch, prolongeaient l'écho des « monstres sacrés » dont avait retenti depuis cent cinquante ans le Théâtre-Français. La critique de l'époque était, bien entendu, partagée : « D'admirables acteurs y racontent l'histoire comme si Tacite s'était servi du micro de Racine pour la commenter en direct », écrivait François Chalais. Et Michel Cournot : « Pour mémoire, précisons qu'il n'y a aucun point commun entre *Britannicus,* tragédie en vers de Racine, et ce bizarre remue-ménage en prose. »

Des *Britannicus,* on en aura vu de toutes les couleurs... Comment oublier la représentation à laquelle je me suis rendu, un peu par hasard, au Théâtre de l'Épée-de-Bois, en Mai 68 ? Ce théâtre, démoli peu après cette date, était alors situé à un carrefour de la rue Mouffetard, quartier où régnait alors la plus grande effervescence. Les gens avaient la tête ailleurs. Nous étions une dizaine dans la petite salle, où flottait encore l'odeur des gaz lacrymogènes d'une charge récente de C.R.S. Pourtant, nulle allusion à l'actualité dans cette mise en scène d'un inconnu, Michel Hermon, dont les acteurs portaient des collants blancs, pareils à des gymnastes de Jeux Olympiques. Et c'était effectivement à une savante gymnastique que se livraient ces personnages abstraits, non sans qu'on puisse deviner, autant qu'il m'en souvienne, qu'Agrippine faisait passer Néron entre ses jambes pour montrer qu'elle accouchait de lui. Je me rappelle aussi que ces acteurs inconnus disaient les vers avec précision, sans monotonie, mais sans emphase. En y repensant, peut-être la meilleure représentation de *Britannicus* que j'aie jamais vue. Qui s'en souvient ? Peut-être Antoine Vitez qui devait, dix ans plus tard, nous donner une version tout aussi dépouillée de la cour de Néron, où le péplum devenait linge blanc cachant à peine la nudité des corps...

Avec Mai 68, commençait l'ère du grand chambardement des classiques, amorcée par Roger Planchon et Patrice Chéreau, alors à ses débuts... Quelques années plus tard, un jeune loup du théâtre, Daniel Mesguich, donnait un *Britannicus* dans un décor de brique en ruine — asile psychiatrique ou prison vétuste. On faisait du feu sur la scène. Daniel Mesguich, parti de l'idée que le sujet de la tragédie de Racine ne « tenait pas le coup » au regard des tragédies contemporaines — camps de concentration, internements psychiatriques arbitraires, etc. — avait voulu insérer *Britannicus* dans ce contexte.

Que cherchaient ces jeunes metteurs en scène — Michel Hermon, Daniel Mesguich, Yves Gourvil — et ces moins jeunes — de Vitez à Miquel — en s'attaquant ainsi à Racine ? C'est vrai que ni Corneille, ni Molière, ni Marivaux n'ont été épargnés par les nouveaux metteurs en scène. Mais ces auteurs offraient, somme toute, plus de possibilités d'interprétations. Chez Racine, la forme est si affirmée, la musicalité des vers si évidente, le vocabulaire et les situations si économes, qu'on aurait pu croire que ses tragédies s'opposaient d'emblée à toute réinterprétation... Le besoin de chercher en lui des formes de théâtralité qu'il n'avait pas prévues s'est-il fait sentir à partir du moment où une tradition ne pouvait plus se transmettre, où on renonçait peu à peu, au Conservatoire, à donner des « prix de tragédie » ? Il faudra attendre un metteur en scène allemand, Klaus Michaël Grüber, invité à la Comédie-Française en 1985, pour que nous retrouvions, avec *Bérénice,* cette pure récitation, réduite à une épure, plus chuchotée que déclamée...

Avant cela, et pour nous en tenir à *Britannicus,* un seul metteur en scène nous a montré clairement les contradictions de notre temps en face de Racine. Je veux parler de Gildas Bourdet, animateur du Théâtre de la Salamandre, à Tourcoing — avec Georges Lavaudant, un des metteurs en scène les plus convaincants de la nouvelle génération.

Tourcoing, donc. En 1979. Dans un quartier populaire, l'Idéal-Cinéma, petite salle minable où, peu de temps auparavant, Gildas Bourdet a présenté *Attention au Travail,* spectacle féroce inspiré par la vie des prolétaires du Nord... Le rideau s'ouvre. Un salon d'époque. Mélange de meubles Louis XV et Louis XVI. Deux grandes toiles, dont l'une représentant le château de Versailles, encadrent une porte à deux battants couronnée d'ornements de bronze. Une console sur laquelle est placé un buste romain. L'éclairage, parfaite imitation de la lumière naturelle, du lever au coucher du soleil — le temps de la tragédie —, vient de deux portes-fenêtres placées sur le côté. Au début, les volets sont fermés. Le jour n'est pas encore levé. Au fur et à mesure qu'on découvre ce décor parfaitement classique, des détails finissent par s'imposer. Il y a des cartouches sous les tableaux indiquant leur sujet et leur provenance. Il y a, surtout, mal dissimulés, des radiateurs de chauffage central... Ça y est, nous avons compris : nous sommes dans une salle de château transformée en musée...

Dans l'obscurité, une femme prostrée, en chemise de nuit, les cheveux défaits, attend que les portes s'ouvrent. C'est Agrippine, qu'interroge sa confidente : *« Quoi ? tandis que Néron s'abandonne au sommeil... »* Une mère, une reine éplorée se prépare à de grands événements. Elle n'est plus Agrippine, mais une reine du XVIIe siècle — Marie de Médicis ou Anne d'Autriche — que nous allons voir sangloter, se rouler aux pieds de son fils, qui n'est plus Néron mais le jeune Louis XIV. L'affiche du Théâtre de la Salamandre nous avait averti : une photo de l'entrée du château de Versailles tachée de rouge. Ce n'est plus *Britannicus* que nous allons voir, mais, pour reprendre le titre du film de Rossellini, qui a eu tant d'influence, *La Prise du pouvoir par Louis XIV*. Allant une fois de plus contre la tradition et, sans doute, contre Racine même, Gildas Bourdet a choisi le sens plus que la forme. *Britannicus* sera joué comme un mélodrame, comme une pièce historique qui, par inversion du temps, aurait été écrite non pas en plein romantisme mais au XVIIe siècle.

Compliqué, sinon pervers, Gildas Bourdet brouille les pistes. Nous avons dit que les meubles étaient du XVIIIe siècle. Les costumes Louis XIV mêlent les diffé-

rentes époques du règne. À certains moments, les portes
du fond s'ouvrent et laissent apercevoir une somptueuse
antichambre de marbre, comme si la tragédie reprenait
ses droits et s'imposait à nous par une métaphore
visuelle, à l'intérieur du « huis clos racinien ». À chaque
scène, les changements de costumes, l'attitude de plus en
plus sûre de Néron indiquent la progression du drame. Il
faut lire le petit livre qu'une passionnée de cette mise en
scène, Anne-Françoise Benhamou, lui a consacré[1]. On y
trouvera moins la description détaillée de cette représentation — reprise à l'Odéon quelques mois plus tard —
qu'un riche commentaire, vraisemblablement écrit
d'après les indications de Gildas Bourdet, aussi prolixe
en matière d'explications que ses confrères. Mais si un
tel livre a été possible, c'est qu'à l'instar des comptes
rendus élogieux parus dans la presse, Anne-Françoise
Benhamou a ressenti la solidité des partis pris de Gildas
Bourdet.

Nulle défaillance, en effet, dans ce spectacle où le
choix du décor, des costumes — réalisés par le metteur
en scène lui-même —, où le physique et le tempérament
des acteurs s'accordaient à une idée de mise en scène,
relativement simple au départ, mais qui permettait tous
les développements scéniques. On y découvrait, si ce
n'était déjà fait, que Racine, poète parfait, était aussi un
homme de théâtre, qu'on pouvait suivre *Britannicus*
comme un film policier — référence sacrilège... À la
différence de nombre de mises en scène contemporaines,
où le texte est torturé, soumis à des interprétations abu-
sives, Gildas Bourdet montrait remarquablement l'évolution psychologique et, si l'on peut dire, l'évolution
politique des personnages. La convoitise de Néron-
Louis XIV, tant sur le plan amoureux que sur celui du
pouvoir, rencontrait véritablement pour obstacle les

1. Éditions Solin, 1981.

désarrois d'Agrippine, ou plutôt de la reine mère, et la
naïveté de Britannicus ou de « Monsieur », frère du roi.
Le rôle des mauvais courtisans — le fourbe Narcisse et
le malheureux Burrhus, que Racine avait préféré à Séné-
que — était conforme aux descriptions de Saint-Simon.
Après tout, pouvions-nous penser, Racine vivait en
1669, et non pas au temps de Tacite, dont il disait s'ins-
pirer. Dans ces conditions, l'homme de théâtre du
xxᵉ siècle ne doit-il pas se référer à cette époque ? Et
comme la reconstitution historique n'est que naïveté à
l'égard du passé, il fallait, semblait nous dire Gildas
Bourdet, la traiter au second degré, avec références à
l'imaginaire contemporain : musées, film de Rossellini,
nouvelles    connaissances    historiques,    « putsch »
actuels...

Une seule chose manquait à cette réussite : l'essence
même de la tragédie, cette suspension du temps dont
parlait Lucien Goldmann, établissant, après Georges
Lukács, les différences fondamentales entre drame et
tragédie. Il est vrai que, pour Goldmann, *Britannicus*
n'est pas une véritable tragédie. Elle ne comporte pas de
« Dieu caché ». Seule, Junie, non responsable de son
destin, serait un personnage tragique... Et, pour citer
encore un des « Pères de l'Église » de la critique con-
temporaine, Roland Barthes, constatant que la journée
décrite par Racine « va séparer le Bien du Mal », ne
disait-il pas : « L'accent est mis sur un faire véritable :
Néron se fait, *Britannicus* est une naissance » ? Ce qui
est reconnaître, de la part d'un esprit rigoureux, que
l'action l'emporte sur la pure tragédie.

De Roland Barthes, encore cette citation, dont je ne
songe pas à dissimuler l'ambiguïté : « Je ne sais s'il est
possible de jouer Racine aujourd'hui. Peut-être, sur
scène, est-il aux trois quarts mort. Mais si l'on essaie, il
faut le faire sérieusement, il faut aller jusqu'au bout. La
première ascèse ne peut être que de balayer le mythe de

Racine, son cortège allégorique (Simplicité, Poésie, Musique, Passion, etc.) ; la seconde, c'est de renoncer à nous chercher nous-mêmes dans ce théâtre : ce qui s'y trouve de nous n'est pas la meilleure partie, ni de Racine, ni de nous. Comme pour le théâtre antique, ce théâtre nous concerne bien plus et bien mieux par son étrangeté que par sa familiarité : son rapport à nous, c'est la distance. Si nous voulons garder Racine, éloignons-le. »

Les interprétations de *Britannicus* que j'ai signalées ont, pour la plupart, répondu à ce souhait. Est-il valable ? Le propre du spectateur de Racine est de n'être jamais satisfait. C'est peut-être qu'avant d'être spectateur, c'est un *lecteur*.

Guy Dumur.

# Britannicus

## À Monseigneur
## le duc de Chevreuse[1]

MONSEIGNEUR,

Vous serez peut-être étonné de voir votre nom à la tête de cet ouvrage ; et si je vous avais demandé la permission de vous l'offrir, je doute si je l'aurais obtenue. Mais ce serait être en quelque sorte ingrat que de cacher plus longtemps au monde les bontés dont vous m'avez toujours honoré. Quelle apparence qu'un homme qui ne travaille que pour la gloire se puisse taire d'une protection aussi glorieuse que la vôtre ?

Non, Monseigneur, il m'est trop avantageux que l'on sache que mes amis mêmes ne vous sont pas indifférents, que vous prenez part à tous mes ouvrages, et que vous m'avez procuré l'honneur de lire celui-ci devant un homme dont toutes les heures sont précieuses[2]. Vous fûtes témoin avec quelle pénétration d'esprit il jugea l'économie de la pièce, et combien l'idée qu'il s'est formée d'une excellente tragédie est au-delà de tout ce que j'ai pu concevoir.

Ne craignez pas, Monseigneur, que je m'engage plus avant, et que n'osant le louer en face, je m'adresse à vous pour le louer avec plus de liberté. Je sais qu'il serait dangereux de le fatiguer de ses louanges, et j'ose dire que cette même modestie, qui vous est commune avec lui, n'est pas un des moindres liens qui vous attachent l'un à l'autre.

La modération n'est qu'une vertu ordinaire quand elle ne se

rencontre qu'avec des qualités ordinaires. Mais qu'avec toutes les qualités et du cœur et de l'esprit, qu'avec un jugement qui, ce semble, ne devrait être le fruit que de l'expérience de plusieurs années, qu'avec mille belles connaissances que vous ne sauriez cacher à vos amis particuliers, vous ayez encore cette sage retenue que tout le monde admire en vous, c'est sans doute une vertu rare en un siècle où l'on fait vanité des moindres choses. Mais je me laisse emporter insensiblement à la tentation de parler de vous ; il faut qu'elle soit bien violente, puisque je n'ai pu y résister dans une lettre où je n'avais autre dessein que de vous témoigner avec combien de respect je suis,

MONSEIGNEUR,
Votre très humble et très obéissant serviteur,
RACINE.

## Première Préface[1]
### (1670)

De tous les ouvrages que j'ai donnés au public, il n'y en a point qui m'ait attiré plus d'applaudissements ni plus de censeurs que celui-ci. Quelque soin que j'ai pris pour travailler cette tragédie, il semble qu'autant que je me suis efforcé de la rendre bonne, autant de certaines gens se sont efforcés de la décrier. Il n'y a point de cabale qu'ils n'aient faite, point de critique dont ils ne se soient avisés. Il y en a qui ont pris même le parti de Néron contre moi. Ils ont dit que je le faisais trop cruel. Pour moi, je croyais que le nom seul de Néron faisait entendre quelque chose de plus que cruel. Mais peut-être qu'ils raffinent sur son histoire, et veulent dire qu'il était honnête homme dans ses premières années. Il ne faut qu'avoir lu Tacite pour savoir que, s'il a été quelque temps un bon empereur, il a toujours été un très méchant homme. Il ne s'agit point dans ma tragédie des affaires du dehors. Néron est ici dans son particulier et dans sa famille, et ils me dispenseront de leur rapporter tous les passages qui pourraient aisément leur prouver que je n'ai point de réparation à lui faire.

D'autres ont dit, au contraire, que je l'avais fait trop bon. J'avoue que je ne m'étais pas formé l'idée d'un bon homme en la personne de Néron. Je l'ai toujours regardé comme un monstre. Mais c'est ici un monstre naissant. Il n'a pas encore mis le feu à Rome, il n'a pas encore tué sa mère, sa femme, ses gouverneurs : à cela près, il me semble qu'il lui échappe assez de cruautés pour empêcher que personne ne le méconnaisse.

Quelques-uns ont pris l'intérêt de Narcisse, et se sont plaints que j'en eusse fait un très méchant homme et le confident de

Néron. Il suffit d'un passage pour leur répondre. « Néron, dit
Tacite, porta impatiemment la mort de Narcisse, parce que cet
affranchi avait une conformité merveilleuse avec les vices du
prince encore cachés : *Cujus abditis adhuc vitiis mire congruebat*[1]. »

Les autres se sont scandalisés que j'eusse choisi un homme
aussi jeune que Britannicus pour le héros d'une tragédie. Je leur
ai déclaré, dans la préface d'*Andromaque,* le sentiment d'Aristote sur le héros de la tragédie, et que bien loin d'être parfait, il
faut toujours qu'il ait quelque imperfection. Mais je leur dirai
encore ici qu'un jeune prince de dix-sept ans qui a beaucoup de
cœur, beaucoup d'amour, beaucoup de franchise et beaucoup de
crédulité, qualités ordinaires d'un jeune homme, m'a semblé
très capable d'exciter la compassion. Je n'en veux pas davantage.

« Mais, disent-ils, ce prince n'entrait que dans sa quinzième
année lorsqu'il mourut. On le fait vivre, lui et Narcisse, deux
ans plus qu'ils n'ont vécu. » Je n'aurais point parlé de cette
objection, si elle n'avait été faite avec chaleur par un homme
qui s'est donné la liberté de faire régner vingt ans un empereur
qui n'en a régné que huit[2], quoique ce changement soit bien
plus considérable dans la chronologie, où l'on suppute les
temps par les années des empereurs.

Junie ne manque pas non plus de censeurs. Ils disent que
d'une vieille coquette, nommée Junia Silana, j'en ai fait une
jeune fille très sage. Qu'auraient-ils à me répondre, si je leur
disais que cette Junie est un personnage inventé, comme l'Émilie de *Cinna,* comme la Sabine d'*Horace* ? Mais j'ai à leur dire
que, s'ils avaient bien lu l'histoire, ils auraient trouvé une Junia
Calvina, de la famille d'Auguste, sœur de Silanus, à qui Claudius avait promis Octavie. Cette Junie était jeune, belle, et,
comme dit Sénèque : *festivissima omnium puellarum*[3]. Elle
aimait tendrement son frère, « et leurs ennemis, dit Tacite, les
accusèrent tous deux d'inceste, quoiqu'ils ne fussent coupables
que d'un peu d'indiscrétion[4] ». Si je la présente plus retenue
qu'elle n'était, je n'ai pas ouï dire qu'il nous fût défendu de
rectifier les mœurs d'un personnage, surtout lorsqu'il n'est pas
connu.

L'on trouve étrange qu'elle paraisse sur le théâtre après la
mort de Britannicus. Certainement la délicatesse est grande de

ne pas vouloir qu'elle dise en quatre vers assez touchants qu'elle passe chez Octavie. « Mais, disent-ils, cela ne valait pas la peine de la faire revenir, un autre l'aurait pu raconter pour elle. » Ils ne savent pas qu'une des règles du théâtre est de ne mettre en récit que les choses qui ne se peuvent passer en action, et que tous les Anciens font venir souvent sur la scène des acteurs qui n'ont autre chose à dire, sinon qu'ils viennent d'un endroit, et qu'ils s'en retournent à un autre[1].

« Tout cela est inutile, disent mes censeurs. La pièce est finie au récit de la mort de Britannicus, et l'on ne devrait point écouter le reste. » On l'écoute pourtant, et même avec autant d'attention qu'aucune fin de tragédie. Pour moi, j'ai toujours compris que la tragédie étant l'imitation d'une action complète, où plusieurs personnes concourent, cette action n'est point finie que l'on ne sache en quelle situation elle laisse ces mêmes personnes. C'est ainsi que Sophocle en use presque partout. C'est ainsi que dans l'*Antigone* il emploie autant de vers à représenter la fureur d'Hémon et la punition de Créon après la mort de cette princesse, que j'en ai employé aux imprécations d'Agrippine, à la retraite de Junie, à la punition de Narcisse, et au désespoir de Néron, après la mort de Britannicus.

Que faudrait-il faire pour contenter des juges si difficiles ? La chose serait aisée, pour peu qu'on voulût trahir le bon sens. Il ne faudrait que s'écarter du naturel pour se jeter dans l'extraordinaire. Au lieu d'une action simple, chargée de peu de matière, telle que doit être une action qui se passe en un seul jour, et qui, s'avançant par degrés vers sa fin, n'est soutenue que par les intérêts, les sentiments et les passions des personnages, il faudrait remplir cette même action de quantité d'incidents qui ne se pourraient passer qu'en un mois, d'un grand nombre de jeux de théâtre d'autant plus surprenants qu'ils seraient moins vraisemblables, d'une infinité de déclamations où l'on ferait dire aux acteurs tout le contraire de ce qu'ils devraient dire. Il faudrait, par exemple, représenter quelque héros ivre, qui se voudrait faire haïr de sa maîtresse de gaieté de cœur, un Lacédémonien grand parleur, un conquérant qui ne débiterait que des maximes d'amour, une femme qui donnerait des leçons de fierté à des conquérants[2]. Voilà sans doute de quoi faire récrier[3] tous ces messieurs. Mais que dirait cependant le petit nombre de gens sages auxquels je m'efforce de plaire ? De quel front oserais-je me montrer, pour ainsi dire, aux yeux de ces grands hommes de l'Antiquité que j'ai choisis pour modèles ? Car, pour me servir de la pensée d'un Ancien, voilà les véritables spectateurs que nous devons nous proposer ; et nous devons sans cesse nous demander : « Que diraient Homère et Virgile, s'ils lisaient ces vers ? que dirait Sophocle, s'il voyait représenter cette scène[1] ? » Quoi qu'il en soit, je n'ai point prétendu empêcher qu'on ne parlât contre mes ouvrages ; je l'aurais prétendu inutilement : *Quid de te alii loquantur ipsi videant,* dit Cicéron ; *sed loquentur tamen*[2].

Je prie seulement le lecteur de me pardonner cette petite préface, que j'ai faite pour lui rendre raison de ma tragédie. Il n'y a rien de plus naturel que de se défendre quand on se croit injustement attaqué. Je vois que Térence même semble n'avoir fait des prologues que pour se justifier contre les critiques d'un vieux poète malintentionné, *malevoli veteris poetae,* et qui venait briguer des voix contre lui jusqu'aux heures où l'on représentait ses comédies.

> . . . . . . . . . . . . .*Occepta est agi :*
> *Exclamat*[3], etc.

On me pouvait faire une difficulté qu'on ne m'a point faite. Mais ce qui est échappé aux spectateurs pourra être remarqué par les lecteurs. C'est que je fais entrer Junie dans les vestales, où, selon Aulu-Gelle, on ne recevait personne au-dessous de six ans, ni au-dessus de dix[4]. Mais le peuple prend ici Junie sous sa protection, et j'ai cru qu'en considération de sa naissance, de sa vertu et de son malheur, il pouvait la dispenser de l'âge prescrit par les lois, comme il a dispensé de l'âge pour le consulat tant de grands hommes qui avaient mérité ce privilège.

Enfin, je suis très persuadé qu'on me peut faire bien d'autres critiques, sur lesquelles je n'aurais d'autre parti à prendre que celui d'en profiter à l'avenir. Mais je plains fort le malheur d'un homme qui travaille pour le public. Ceux qui voient le mieux nos défauts sont ceux qui les dissimulent le plus volontiers : ils nous pardonnent les endroits qui leur ont déplu, en faveur de ceux qui leur ont donné du plaisir. Il n'y a rien, au contraire, de plus injuste qu'un ignorant, il croit toujours que l'admiration est le partage des gens qui ne savent rien, il condamne toute une pièce pour une scène qu'il n'approuve pas, il s'attaque

même aux endroits les plus éclatants, pour faire croire qu'il a
de l'esprit, et pour peu que nous résistions à ses sentiments, il
nous traite de présomptueux qui ne veulent croire personne, et
ne songe pas qu'il tire quelquefois plus de vanité d'une critique
fort mauvaise, que nous n'en tirons d'une assez bonne pièce de
théâtre.

  *Homine imperito nunquam quidquam injustius*[1].

## Seconde Préface[2]
### (1676)

  Voici celle de mes tragédies que je puis dire que j'ai le plus
travaillée. Cependant j'avoue que le succès ne répondit pas
d'abord à mes espérances. À peine elle parut sur le théâtre, qu'il
s'éleva quantité de critiques qui semblaient la devoir détruire.
Je crus moi-même que sa destinée serait à l'avenir moins heureuse que celle de mes autres tragédies. Mais enfin il est arrivé
de cette pièce ce qui arrivera toujours des ouvrages qui auront
quelque bonté : les critiques se sont évanouies, la pièce est
demeurée. C'est maintenant celle des miennes que la cour et le
public revoient le plus volontiers. Et si j'ai fait quelque chose
de solide, et qui mérite quelque louange, la plupart des connaisseurs demeurent d'accord que c'est ce même *Britannicus.*
  À la vérité, j'avais travaillé sur des modèles qui m'avaient
extrêmement soutenu dans la peinture que je voulais faire de la
cour d'Agrippine et de Néron. J'avais copié mes personnages
d'après le plus grand peintre de l'Antiquité, je veux dire d'après
Tacite, et j'étais alors si rempli de la lecture de cet excellent
historien, qu'il n'y a presque pas un trait éclatant dans ma
tragédie dont il ne m'ait donné l'idée. J'avais voulu mettre dans
ce recueil un extrait des plus beaux endroits que j'ai tâché
d'imiter ; mais j'ai trouvé que cet extrait tiendrait presque
autant de place que la tragédie. Ainsi le lecteur trouvera bon
que je le renvoie à cet auteur, qui aussi bien est entre les mains
de tout le monde ; et je me contenterai de rapporter ici quel-

ques-uns de ses passages sur chacun des personnages que j'introduis sur la scène.

Pour commencer par Néron, il faut se souvenir qu'il est ici dans les premières années de son règne, qui ont été heureuses, comme l'on sait. Ainsi, il ne m'a pas été permis de le représenter aussi méchant qu'il l'a été depuis. Je ne le représente pas non plus comme un homme vertueux, car il ne l'a jamais été. Il n'a pas encore tué sa mère, sa femme, ses gouverneurs ; mais il a en lui les semences de tous ces crimes. Il commence à vouloir secouer le joug ; il les hait les uns et les autres, et il leur cache sa haine sous de fausses caresses : *Factus natura velare odium fallacibus blanditiis.* En un mot, c'est ici un monstre naissant, mais qui n'ose encore se déclarer, et qui cherche des couleurs à ses méchantes actions : *Hactenus Nero flagitiis et sceleribus velamenta quæsivit*[1]. Il ne pouvait souffrir Octavie, princesse d'une bonté et d'une vertu exemplaires : *fato quodam, an quia prævalent illicita ; metuebaturque ne in stupra feminarum illustrium prorumperet*[2].

Je lui donne Narcisse pour confident. J'ai suivi en cela Tacite, qui dit que « Néron porta impatiemment la mort de Narcisse, parce que cet affranchi avait une conformité merveilleuse avec les vices du prince encore cachés : *Cujus abditis adhuc vitiis mire congruebat*[3] ». Ce passage prouve deux choses : il prouve et que Néron était déjà vicieux, mais qu'il dissimulait ses vices, et que Narcisse l'entretenait dans ses mauvaises inclinations.

J'ai choisi Burrhus pour opposer un honnête homme à cette peste de cour ; et je l'ai choisi plutôt que Sénèque. En voici la raison : ils étaient tous deux gouverneurs de la jeunesse de Néron, l'un pour les armes, et l'autre pour les lettres. Et ils étaient fameux, Burrhus pour son expérience dans les armes et pour la sévérité de ses mœurs, *militaribus curis et severitate morum ;* Sénèque pour son éloquence et le tour agréable de son esprit, *Seneca præceptis eloquentiæ et comitate honesta.* Burrhus, après sa mort, fut extrêmement regretté à cause de sa vertu : *Civitati grande desiderium ejus mansit per memoriam virtutis*[4].

Toute leur peine était de résister à l'orgueil et à la férocité d'Agrippine, *quæ cunctis malæ dominationis cupidinibus flagrans, habebat in partibus Pallantem*[5]. Je ne dis que ce mot

d'Agrippine, car il y aurait trop de choses à en dire. C'est elle
que je me suis surtout efforcé de bien exprimer, et ma tragédie
n'est pas moins la disgrâce d'Agrippine que la mort de Britannicus. Cette mort fut un coup de foudre pour elle ; et « il parut,
dit Tacite, par sa frayeur et par sa consternation, qu'elle était
aussi innocente de cette mort qu'Octavie. Agrippine perdit en
lui sa dernière espérance, et ce crime lui en faisait craindre un
plus grand : *Sibi supremum auxilium ereptum, et parricidii
exemplum intellegebat* [1]. »

L'âge de Britannicus était si connu, qu'il ne m'a pas été permis de le représenter autrement que comme un jeune prince
qui avait beaucoup de cœur, beaucoup d'amour et beaucoup de
franchise, qualités ordinaires d'un jeune homme. Il avait
quinze ans, et on dit qu'il avait beaucoup d'esprit, soit qu'on
dise vrai, ou que ses malheurs aient fait croire cela de lui, sans
qu'il ait pu en donner des marques : *Neque segnem ei fuisse
indolem ferunt ; sive verum, seu periculis commendatus retinuit
famam sine experimento* [2].

Il ne faut pas s'étonner s'il n'a auprès de lui qu'un aussi
méchant homme que Narcisse, « car il y avait longtemps qu'on
avait donné ordre qu'il n'y eût auprès de Britannicus que des
gens qui n'eussent ni foi ni honneur : *Nam ut proximus quisque
Britannico, neque fas neque fidem pensi haberet, olim provisum
erat* [3]. »

Il me reste à parler de Junie. Il ne la faut pas confondre avec
une vieille coquette qui s'appelait *Junia Silana.* C'est ici une
autre Junie, que Tacite appelle *Junia Calvina,* de la famille
d'Auguste, sœur de Silanus, à qui Claudius avait promis Octavie. Cette Junie était jeune, belle, et, comme dit Sénèque, *festivissima omnium puellarum.* « Son frère et elle s'aimaient tendrement, et leurs ennemis, dit Tacite, les accusèrent tous deux
d'inceste, quoiqu'ils ne fussent coupables que d'un peu d'indiscrétion. » Elle vécut jusqu'au règne de Vespasien.

Je la fais entrer dans les vestales, quoique, selon Aulu-Gelle,
on n'y reçût jamais personne au-dessous de six ans ni au-dessus
de dix. Mais le peuple prend ici Junie sous sa protection. Et j'ai
cru qu'en considération de sa naissance, de sa vertu et de son
malheur, il pouvait la dispenser de l'âge prescrit par les lois,
comme il a dispensé de l'âge pour le consulat tant de grands
hommes qui avaient mérité ce privilège.

# Britannicus

*Tragédie*

## *Acteurs*

NÉRON,  *empereur, fils d'Agrippine.*

BRITANNICUS,  *fils de l'empereur Claudius.*

AGRIPPINE,  *veuve de Domitius Ænobarbus, père de Néron, et, en secondes noces, veuve de l'empereur Claudius.*

JUNIE,  *amante de Britannicus.*

BURRHUS,  *gouverneur de Néron.*

NARCISSE,  *gouverneur de Britannicus.*

ALBINE,  *confidente d'Agrippine.*

GARDES.

*La scène est à Rome, dans une chambre[1] du palais de Néron.*

# Acte I

## *Scène 1*

### AGRIPPINE, ALBINE

ALBINE

Quoi ? tandis que Néron s'abandonne au sommeil,
Faut-il que vous veniez attendre son réveil ?
Qu'errant dans le palais sans suite et sans escorte,
La mère de César veille seule à sa porte ?
Madame, retournez dans votre appartement.

AGRIPPINE

Albine, il ne faut pas s'éloigner un moment.
Je veux l'attendre ici. Les chagrins qu'il me cause
M'occuperont assez tout le temps qu'il repose.
Tout ce que j'ai prédit n'est que trop assuré :
10 Contre Britannicus Néron s'est déclaré.
L'impatient Néron cesse de se contraindre ;
Las de se faire aimer, il veut se faire craindre.
Britannicus le gêne, Albine, et chaque jour
Je sens que je deviens importune à mon tour.

ALBINE

Quoi ? vous à qui Néron doit le jour qu'il respire,
Qui l'avez appelé de si loin à l'empire ?
Vous qui, déshéritant le fils de Claudius,
Avez nommé César l'heureux Domitius ?
Tout lui parle, Madame, en faveur d'Agrippine :
20 Il vous doit son amour.

AGRIPPINE

Il me le doit, Albine ;
Tout, s'il est généreux, lui prescrit cette loi ;
Mais tout, s'il est ingrat, lui parle contre moi.

ALBINE

S'il est ingrat, Madame ? Ah ! toute sa conduite
Marque dans son devoir une âme trop instruite.
Depuis trois ans entiers, qu'a-t-il dit, qu'a-t-il fait
Qui ne promette à Rome un empereur parfait ?
Rome, depuis deux ans[1], par ses soins gouvernée,
Au temps de ses consuls[2] croit être retournée :
Il la gouverne en père. Enfin, Néron naissant
30 A toutes les vertus d'Auguste vieillissant.

AGRIPPINE

Non, non, mon intérêt ne me rend point injuste :
Il commence, il est vrai, par où finit Auguste ;
Mais crains que l'avenir détruisant le passé,
Il ne finisse ainsi qu'Auguste a commencé[3].
Il se déguise en vain : je lis sur son visage
Des fiers Domitius l'humeur triste et sauvage ;
Il mêle avec l'orgueil qu'il a pris dans leur sang
La fierté des Néron qu'il puisa dans mon flanc.
Toujours la tyrannie a d'heureuses prémices :
40 De Rome, pour un temps, Caïus fut les délices ;
Mais sa feinte bonté se tournant en fureur,
Les délices de Rome en devinrent l'horreur.
Que m'importe, après tout, que Néron, plus fidèle,
D'une longue vertu laisse un jour le modèle ?
Ai-je mis dans sa main le timon de l'État
Pour le conduire au gré du peuple et du sénat ?
Ah ! que de la patrie il soit, s'il veut, le père ;
Mais qu'il songe un peu plus qu'Agrippine est sa mère.
De quel nom cependant pouvons-nous appeler
50 L'attentat que le jour vient de nous révéler ?
Il sait, car leur amour ne peut être ignorée,

Que de Britannicus Junie est adorée,
Et ce même Néron, que la vertu conduit,
Fait enlever Junie au milieu de la nuit !
Que veut-il ? Est-ce haine, est-ce amour qui l'inspire ?
Cherche-t-il seulement le plaisir de leur nuire ?
Ou plutôt n'est-ce point que sa malignité
Punit sur eux l'appui que je leur ai prêté ?

ALBINE

Vous, leur appui, Madame ?

AGRIPPINE

                         Arrête, chère Albine.
60 Je sais que j'ai moi seule avancé leur ruine ;
Que du trône, où le sang l'a dû[1] faire monter,
Britannicus par moi s'est vu précipiter.
Par moi seule éloigné de l'hymen d'Octavie,
Le frère de Junie abandonna la vie,
Silanus, sur qui Claude avait jeté les yeux,
Et qui comptait Auguste au rang de ses aïeux.
Néron jouit de tout ; et moi, pour récompense,
Il faut qu'entre eux et lui je tienne la balance,
Afin que quelque jour, par une même loi,
70 Britannicus la tienne entre mon fils et moi.

ALBINE

Quel dessein !

AGRIPPINE

            Je m'assure un port dans la tempête.
Néron m'échappera, si ce frein ne l'arrête.

ALBINE

Mais prendre contre un fils tant de soins superflus ?

AGRIPPINE

Je le craindrais bientôt, s'il ne me craignait plus.

ALBINE

Une juste frayeur vous alarme peut-être.
Mais si Néron pour vous n'est plus ce qu'il doit être,

    Du moins son changement ne vient pas jusqu'à nous,
    Et ce sont des secrets entre César et vous.
    Quelques titres nouveaux que Rome lui défère,
80  Néron n'en reçoit point qu'il ne donne à sa mère.
    Sa prodigue amitié ne se réserve rien ;
    Votre nom est dans Rome aussi saint que le sien.
    À peine parle-t-on de la triste Octavie.
    Auguste votre aïeul honora moins Livie.
    Néron devant sa mère a permis le premier
    Qu'on portât les faisceaux couronnés de laurier[1].
    Quels effets voulez-vous de sa reconnaissance ?

AGRIPPINE

    Un peu moins de respect, et plus de confiance.
    Tous ces présents, Albine, irritent mon dépit.
90  Je vois mes honneurs croître et tomber mon crédit.
    Non, non, le temps n'est plus que Néron, jeune encore,
    Me renvoyait les vœux d'une cour qui l'adore,
    Lorsqu'il se reposait sur moi de tout l'État,
    Que mon ordre au palais assemblait le sénat,
    Et que derrière un voile, invisible et présente,
    J'étais de ce grand corps l'âme toute-puissante.
    Des volontés de Rome alors mal assuré,
    Néron de sa grandeur n'était point enivré.
    Ce jour, ce triste jour frappe encor ma mémoire
100  Où Néron fut lui-même ébloui de sa gloire,
    Quand les ambassadeurs de tant de rois divers
    Vinrent le reconnaître au nom de l'univers.
    Sur son trône avec lui j'allais prendre ma place :
    J'ignore quel conseil prépara ma disgrâce ;
    Quoi qu'il en soit, Néron, d'aussi loin qu'il me vit,
    Laissa sur son visage éclater son dépit.
    Mon cœur même en conçut un malheureux augure.
    L'ingrat, d'un faux respect colorant son injure,
    Se leva par avance, et courant m'embrasser,
110  Il m'écarta du trône où je m'allais placer[2].
    Depuis ce coup fatal, le pouvoir d'Agrippine

*Annie Ducaux (Agrippine), Robert Hirsch (Néron).*
*(Comédie-Française, 1961.)*

Vers sa chute à grands pas chaque jour s'achemine.
L'ombre seule m'en reste, et l'on n'implore plus
Que le nom de Sénèque et l'appui de Burrhus.

ALBINE

Ah ! si de ce soupçon votre âme est prévenue,
Pourquoi nourrissez-vous le venin qui vous tue ?
Daignez avec César vous éclaircir du moins.

AGRIPPINE

César ne me voit plus, Albine, sans témoins.
En public, à mon heure, on me donne audience ;
120 Sa réponse est dictée, et même son silence.
Je vois deux surveillants, ses maîtres et les miens[1],
Présider l'un ou l'autre à tous nos entretiens.
Mais je le poursuivrai d'autant plus qu'il m'évite :
De son désordre, Albine, il faut que je profite.
J'entends du bruit ; on ouvre. Allons subitement
Lui demander raison de cet enlèvement.
Surprenons, s'il se peut, les secrets de son âme.
Mais quoi ? déjà Burrhus sort de chez lui ?

## Scène 2

### AGRIPPINE, BURRHUS, ALBINE

BURRHUS

                                        Madame,
Au nom de l'empereur j'allais vous informer
130 D'un ordre qui d'abord a pu vous alarmer,
Mais qui n'est que l'effet d'une sage conduite,
Dont César a voulu que vous soyez instruite.

AGRIPPINE

Puisqu'il le veut, entrons : il m'en instruira mieux.

BURRHUS

César pour quelque temps s'est soustrait à nos yeux.
Déjà par une porte au public moins connue
L'un et l'autre consul[1] vous avaient prévenue,
Madame. Mais souffrez que je retourne exprès...

AGRIPPINE

Non, je ne trouble point ses augustes secrets.
Cependant voulez-vous qu'avec moins de contrainte
140 L'un et l'autre une fois nous nous parlions sans feinte ?

BURRHUS

Burrhus pour le mensonge eut toujours trop d'horreur.

AGRIPPINE

Prétendez-vous longtemps me cacher l'empereur ?
Ne le verrai-je plus qu'à titre d'importune ?
Ai-je donc élevé si haut votre fortune
Pour mettre une barrière entre mon fils et moi ?
Ne l'osez-vous laisser un moment sur sa foi ?
Entre Sénèque et vous disputez-vous la gloire
À qui m'effacera plus tôt de sa mémoire ?
Vous l'ai-je confié pour en faire un ingrat,
150 Pour être, sous son nom, les maîtres de l'État ?
Certes, plus je médite, et moins je me figure
Que vous m'osiez compter pour votre créature,
Vous, dont j'ai pu[2] laisser vieillir l'ambition
Dans les honneurs obscurs de quelque légion,
Et moi qui sur le trône ai suivi mes ancêtres,
Moi, fille, femme, sœur et mère de vos maîtres[3] !
Que prétendez-vous donc ? Pensez-vous que ma voix
Ait fait un empereur pour m'en imposer trois ?
Néron n'est plus enfant : n'est-il pas temps qu'il
                                              [règne ?
160 Jusqu'à quand voulez-vous que l'empereur vous
                                              [craigne ?
Ne saurait-il rien voir qu'il n'emprunte vos yeux ?
Pour se conduire, enfin, n'a-t-il pas ses aïeux ?

Qu'il choisisse, s'il veut, d'Auguste ou de Tibère,
Qu'il imite, s'il peut, Germanicus mon père.
Parmi tant de héros je n'ose me placer,
Mais il est des vertus que je lui puis tracer.
Je puis l'instruire au moins combien sa confidence
Entre un sujet et lui doit laisser de distance.

BURRHUS

Je ne m'étais chargé dans cette occasion
170 Que d'excuser César d'une seule action.
Mais puisque sans vouloir que je le justifie,
Vous me rendez garant du reste de sa vie,
Je répondrai, Madame, avec la liberté
D'un soldat qui sait mal farder la vérité.
Vous m'avez de César confié la jeunesse,
Je l'avoue, et je dois m'en souvenir sans cesse.
Mais vous avais-je fait serment de le trahir,
D'en faire un empereur qui ne sût qu'obéir ?
Non. Ce n'est plus à vous qu'il faut que j'en réponde,
180 Ce n'est plus votre fils, c'est le maître du monde.
J'en dois compte, Madame, à l'empire romain,
Qui croit voir son salut ou sa perte en ma main.
Ah ! si dans l'ignorance il le fallait instruire,
N'avait-on que Sénèque et moi pour le séduire ?
Pourquoi de sa conduite éloigner les flatteurs ?
Fallait-il dans l'exil chercher des corrupteurs[1] ?
La cour de Claudius, en esclaves fertile,
Pour deux que l'on cherchait en eût présenté mille,
Qui tous auraient brigué l'honneur de l'avilir :
190 Dans une longue enfance ils l'auraient fait vieillir.
De quoi vous plaignez-vous, Madame ? On vous révère :
Ainsi que par César, on jure par sa mère.
L'empereur, il est vrai, ne vient plus chaque jour
Mettre à vos pieds l'empire, et grossir votre cour.
Mais le doit-il, Madame ? et sa reconnaissance
Ne peut-elle éclater que dans sa dépendance ?
Toujours humble, toujours le timide Néron

N'ose-t-il être Auguste et César que de nom ?
Vous le dirai-je enfin ? Rome le justifie.
200 Rome, à trois affranchis si longtemps asservie[1],
À peine respirant du joug qu'elle a porté,
Du règne de Néron compte sa liberté.
Que dis-je ? la vertu semble même renaître.
Tout l'empire n'est plus la dépouille d'un maître :
Le peuple au champ de Mars nomme ses magistrats,
César nomme les chefs sur la foi des soldats ;
Thraséas au sénat, Corbulon dans l'armée,
Sont encore innocents, malgré leur renommée ;
Les déserts, autrefois peuplés de sénateurs,
210 Ne sont plus habités que par leurs délateurs.
Qu'importe que César continue à nous croire,
Pourvu que nos conseils ne tendent qu'à sa gloire ;
Pourvu que dans le cours d'un règne florissant
Rome soit toujours libre, et César tout-puissant ?
Mais, Madame, Néron suffit pour se conduire.
J'obéis, sans prétendre à l'honneur de l'instruire.
Sur ses aïeux, sans doute, il n'a qu'à se régler ;
Pour bien faire, Néron n'a qu'à se ressembler,
Heureux si ses vertus, l'une à l'autre enchaînées,
220 Ramènent tous les ans ses premières années !

AGRIPPINE

Ainsi, sur l'avenir n'osant vous assurer,
Vous croyez que sans vous Néron va s'égarer.
Mais vous qui jusqu'ici content de votre ouvrage,
Venez de ses vertus nous rendre témoignage,
Expliquez-nous pourquoi, devenu ravisseur,
Néron de Silanus fait enlever la sœur ?
Ne tient-il qu'à marquer de cette ignominie
Le sang de mes aïeux qui brille dans Junie ?
De quoi l'accuse-t-il ? Et par quel attentat
230 Devient-elle en un jour criminelle d'État,
Elle qui sans orgueil jusqu'alors élevée,
N'aurait point vu Néron, s'il ne l'eût enlevée,

Et qui même aurait mis au rang de ses bienfaits
L'heureuse liberté de ne le voir jamais ?

BURRHUS

Je sais que d'aucun crime elle n'est soupçonnée ;
Mais jusqu'ici César ne l'a point condamnée,
Madame. Aucun objet ne blesse ici ses yeux :
Elle est dans un palais tout plein de ses aïeux.
Vous savez que les droits qu'elle porte avec elle
240 Peuvent de son époux faire un prince rebelle [1],
Que le sang de César ne se doit allier
Qu'à ceux à qui César le veut bien confier,
Et vous-même avouerez qu'il ne serait pas juste
Qu'on disposât sans lui de la nièce d'Auguste.

AGRIPPINE

Je vous entends : Néron m'apprend par votre voix
Qu'en vain Britannicus s'assure sur mon choix.
En vain, pour détourner ses yeux de sa misère,
J'ai flatté son amour d'un hymen qu'il espère.
À ma confusion, Néron veut faire voir
250 Qu'Agrippine promet par-delà son pouvoir.
Rome de ma faveur est trop préoccupée :
Il veut par cet affront qu'elle soit détrompée,
Et que tout l'univers apprenne avec terreur
À ne confondre plus mon fils et l'empereur.
Il le peut. Toutefois j'ose encore lui dire
Qu'il doit avant ce coup affermir son empire,
Et qu'en me réduisant à la nécessité
D'éprouver contre lui ma faible autorité,
Il expose la sienne, et que dans la balance
260 Mon nom peut-être aura plus de poids qu'il ne pense.

BURRHUS

Quoi, Madame ? toujours soupçonner son respect ?
Ne peut-il faire un pas qui ne vous soit suspect ?
L'empereur vous croit-il du parti de Junie ?

Avec Britannicus vous croit-il réunie ?
Quoi ? de vos ennemis devenez-vous l'appui
Pour trouver un prétexte à vous plaindre de lui ?
Sur le moindre discours qu'on pourra vous redire,
Serez-vous toujours prête à partager l'empire ?
Vous craindrez-vous sans cesse, et vos embrasse-
270 Ne se passeront-ils qu'en éclaircissements ?      [ments¹
Ah ! quittez d'un censeur la triste diligence ;
D'une mère facile affectez l'indulgence,
Souffrez quelques froideurs sans les faire éclater,
Et n'avertissez point la cour de vous quitter.

AGRIPPINE

Et qui s'honorerait de l'appui d'Agrippine,
Lorsque Néron lui-même annonce ma ruine ?
Lorsque de sa présence il semble me bannir ?
Quand Burrhus à sa porte ose me retenir ?

BURRHUS

Madame, je vois bien qu'il est temps de me taire,
280 Et que ma liberté commence à vous déplaire.
La douleur est injuste, et toutes les raisons
Qui ne la flattent point aigrissent ses soupçons.
Voici Britannicus. Je lui cède ma place.
Je vous laisse écouter et plaindre sa disgrâce,
Et peut-être, Madame, en accuser les soins
De ceux que l'empereur a consultés le moins.


## Scène 3

BRITANNICUS, AGRIPPINE, NARCISSE, ALBINE

AGRIPPINE

Ah, Prince ! où courez-vous ? Quelle ardeur inquiète
Parmi vos ennemis en aveugle vous jette ?
Que venez-vous chercher ?

**BRITANNICUS**

Ce que je cherche ? Ah, dieux !
290 Tout ce que j'ai perdu, Madame, est en ces lieux.
De mille affreux soldats Junie environnée
S'est vue en ce palais indignement traînée.
Hélas ! de quelle horreur ses timides esprits
À ce nouveau spectacle auront été surpris !
Enfin on me l'enlève. Une loi trop sévère
Va séparer deux cœurs qu'assemblait leur misère.
Sans doute on ne veut pas que mêlant nos douleurs
Nous nous aidions l'un l'autre à porter nos malheurs.

**AGRIPPINE**

Il suffit. Comme vous je ressens vos injures[1] ;
300 Mes plaintes ont déjà précédé vos murmures.
Mais je ne prétends pas qu'un impuissant courroux
Dégage ma parole et m'acquitte envers vous.
Je ne m'explique point. Si vous voulez m'entendre,
Suivez-moi chez Pallas, où je vais vous attendre.

## *Scène 4*

### BRITANNICUS, NARCISSE

**BRITANNICUS**

La croirai-je, Narcisse ? et dois-je sur sa foi
La prendre pour arbitre entre son fils et moi ?
Qu'en dis-tu ? N'est-ce pas cette même Agrippine
Que mon père épousa jadis pour sa ruine,
Et qui, si je t'en crois, a de ses derniers jours,
310 Trop lents pour ses desseins, précipité le cours ?

**NARCISSE**

N'importe. Elle se sent comme vous outragée ;

À vous donner Junie elle s'est engagée :
Unissez vos chagrins, liez vos intérêts.
Ce palais retentit en vain de vos regrets :
Tandis qu'on vous verra d'une voix suppliante
Semer ici la plainte et non pas l'épouvante,
Que vos ressentiments se perdront en discours,
Il n'en faut pas douter, vous vous plaindrez toujours.

BRITANNICUS

Ah ! Narcisse, tu sais si de la servitude
320 Je prétends faire encore une longue habitude[1] ;
Tu sais si pour jamais, de ma chute étonné,
Je renonce à l'empire où j'étais destiné.
Mais je suis seul encor : les amis de mon père
Sont autant d'inconnus que glace ma misère,
Et ma jeunesse même écarte loin de moi
Tous ceux qui dans le cœur me réservent leur foi.
Pour moi, depuis un an qu'un peu d'expérience
M'a donné de mon sort la triste connaissance,
Que vois-je autour de moi, que des amis vendus
330 Qui sont de tous mes pas les témoins assidus,
Qui choisis par Néron pour ce commerce infâme,
Trafiquent avec lui des secrets de mon âme ?
Quoi qu'il en soit, Narcisse, on me vend tous les
                                            [jours :
Il prévoit mes desseins, il entend mes discours ;
Comme toi, dans mon cœur, il sait ce qui se passe.
Que t'en semble, Narcisse ?

NARCISSE

                    Ah ! quelle âme assez basse...
C'est à vous de choisir des confidents discrets,
Seigneur, et de ne pas prodiguer vos secrets.

BRITANNICUS

Narcisse, tu dis vrai. Mais cette défiance
340 Est toujours d'un grand cœur la dernière science ;
On le trompe longtemps. Mais enfin je te croi[2],

Ou plutôt je fais vœu de ne croire que toi.
Mon père, il m'en souvient, m'assura de ton zèle.
Seul de ses affranchis tu m'es toujours fidèle ;
Tes yeux, sur ma conduite incessamment ouverts,
M'ont sauvé jusqu'ici de mille écueils couverts.
Va donc voir si le bruit de ce nouvel orage
Aura de nos amis excité le courage.
Examine leurs yeux, observe leurs discours,
350 Vois si j'en puis attendre un fidèle secours.
Surtout dans ce palais remarque avec adresse
Avec quel soin Néron fait garder la princesse :
Sache si du péril ses beaux yeux sont remplis,
Et si son entretien m'est encore permis.
Cependant de Néron je vais trouver la mère
Chez Pallas, comme toi l'affranchi de mon père.
Je vais la voir, l'aigrir, la suivre et s'il se peut
M'engager sous son nom plus loin qu'elle ne veut.

# Acte II

## Scène 1

### NÉRON, BURRHUS, NARCISSE, Gardes

NÉRON

N'en doutez point, Burrhus : malgré ses injustices,
360 C'est ma mère, et je veux ignorer ses caprices.
Mais je ne prétends plus ignorer ni souffrir
Le ministre insolent qui les ose nourrir.
Pallas de ses conseils empoisonne ma mère ;
Il séduit, chaque jour, Britannicus mon frère,
Ils l'écoutent tout seul, et qui suivrait leurs pas,
Les trouverait peut-être assemblés chez Pallas.
C'en est trop. De tous deux il faut que je l'écarte.
Pour la dernière fois, qu'il s'éloigne, qu'il parte ;
Je le veux, je l'ordonne ; et que la fin du jour
370 Ne le retrouve pas dans Rome ou dans ma cour.
Allez : cet ordre importe au salut de l'empire.
Vous, Narcisse, approchez. Et vous, qu'on se retire.


## Scène 2

### NÉRON, NARCISSE

NARCISSE

Grâces aux dieux, Seigneur, Junie entre vos mains
Vous assure aujourd'hui le reste des Romains.

Vos ennemis, déchus de leur vaine espérance,
Sont allés chez Pallas pleurer leur impuissance.
Mais que vois-je ? Vous-même, inquiet, étonné,
Plus que Britannicus paraissez consterné.
Que présage à mes yeux cette tristesse obscure
380 Et ces sombres regards errant à l'aventure ?
Tout vous rit : la fortune obéit à vos vœux.

NÉRON

Narcisse, c'en est fait, Néron est amoureux.

NARCISSE

Vous ?

NÉRON

      Depuis un moment, mais pour toute ma vie,
J'aime, que dis-je, aimer ? j'idolâtre Junie !

NARCISSE

Vous l'aimez ?

NÉRON

          Excité d'un désir curieux,
Cette nuit je l'ai vue arriver en ces lieux,
Triste, levant au ciel ses yeux mouillés de larmes,
Qui brillaient au travers des flambeaux et des armes,
Belle, sans ornements, dans le simple appareil
390 D'une beauté qu'on vient d'arracher au sommeil.
Que veux-tu ? Je ne sais si cette négligence,
Les ombres, les flambeaux, les cris et le silence,
Et le farouche aspect de ses fiers ravisseurs,
Relevaient de ses yeux les timides douceurs,
Quoi qu'il en soit, ravi d'une si belle vue,
J'ai voulu lui parler, et ma voix s'est perdue :
Immobile, saisi d'un long étonnement,
Je l'ai laissé[1] passer dans son appartement.
J'ai passé dans le mien. C'est là que, solitaire,
400 De son image en vain j'ai voulu me distraire.
Trop présente à mes yeux je croyais lui parler,
J'aimais jusqu'à ses pleurs que je faisais couler.

Jean-Luc Boutté (Néron), Jean-François Rémi (Burrhus).
Mise en scène de J.-P. Miquel.
(Comédie-Française, 1978.)

Quelquefois, mais trop tard, je lui demandais grâce ;
J'employais les soupirs, et même la menace.
Voilà comme, occupé de mon nouvel amour,
Mes yeux, sans se fermer, ont attendu le jour.
Mais je m'en fais peut-être une trop belle image,
Elle m'est apparue avec trop d'avantage :
Narcisse, qu'en dis-tu ?

NARCISSE

           Quoi, Seigneur ? croira-t-on
410 Qu'elle ait pu si longtemps se cacher à Néron ?

NÉRON

Tu le sais bien, Narcisse. Et soit que sa colère
M'imputât le malheur qui lui ravit son frère,
Soit que son cœur, jaloux d'une austère fierté,
Enviât à nos yeux sa naissante beauté,
Fidèle à sa douleur, et dans l'ombre enfermée,
Elle se dérobait même à sa renommée.
Et c'est cette vertu, si nouvelle à la cour,
Dont la persévérance irrite mon amour.
Quoi, Narcisse ? tandis qu'il n'est point de Romaine
420 Que mon amour n'honore et ne rende plus vaine,
Qui dès qu'à ses regards elle ose se fier,
Sur le cœur de César ne les vienne essayer,
Seule dans son palais la modeste Junie
Regarde leurs honneurs comme une ignominie,
Fuit, et ne daigne pas peut-être s'informer
Si César est aimable ou bien s'il sait aimer ?
Dis-moi : Britannicus l'aime-t-il ?

NARCISSE

               Quoi ! s'il l'aime,
Seigneur ?

NÉRON

     Si jeune encor, se connaît-il lui-même ?
D'un regard enchanteur connaît-il le poison ?

NARCISSE

430 Seigneur, l'amour toujours n'attend pas la raison.
N'en doutez point, il l'aime. Instruits par tant de char-
Ses yeux sont déjà faits à l'usage des larmes.          [mes,
À ses moindres désirs il sait s'accommoder,
Et peut-être déjà sait-il persuader.

NÉRON

Que dis-tu ? Sur son cœur il aurait quelque empire ?

NARCISSE

Je ne sais. Mais, Seigneur, ce que je puis vous dire,
Je l'ai vu quelquefois s'arracher de ces lieux,
Le cœur plein d'un courroux qu'il cachait à vos yeux,
D'une cour qui le fuit pleurant l'ingratitude,
440 Las de votre grandeur et de sa servitude,
Entre l'impatience et la crainte flottant,
Il allait voir Junie, et revenait content.

NÉRON

D'autant plus malheureux qu'il aura su lui plaire,
Narcisse, il doit plutôt souhaiter sa colère.
Néron impunément ne sera pas jaloux.

NARCISSE

Vous ? Et de quoi, Seigneur, vous inquiétez-vous ?
Junie a pu le plaindre et partager ses peines :
Elle n'a vu couler de larmes que les siennes.
Mais aujourd'hui, Seigneur, que ses yeux dessillés
450 Regardant de plus près l'éclat dont vous brillez,
Verront autour de vous les rois sans diadème,
Inconnus dans la foule, et son amant lui-même,
Attachés sur vos yeux s'honorer d'un regard
Que vous aurez sur eux fait tomber au hasard ;
Quand elle vous verra, de ce degré de gloire,
Venir en soupirant avouer sa victoire :
Maître, n'en doutez point, d'un cœur déjà charmé,
Commandez qu'on vous aime, et vous serez aimé.

NÉRON

À combien de chagrins il faut que je m'apprête !
460 Que d'importunités !

NARCISSE

Quoi donc ? qui vous arrête,
Seigneur ?

NÉRON

Tout : Octavie, Agrippine, Burrhus,
Sénèque, Rome entière, et trois ans de vertus.
Non que pour Octavie un reste de tendresse
M'attache à son hymen et plaigne sa jeunesse :
Mes yeux, depuis longtemps fatigués de ses soins,
Rarement de ses pleurs daignent être témoins ;
Trop heureux, si bientôt la faveur d'un divorce
Me soulageait d'un joug qu'on m'imposa par force !
Le ciel même en secret semble la condamner :
470 Ses vœux, depuis quatre ans, ont beau l'importuner,
Les dieux ne montrent point que sa vertu les touche :
D'aucun gage, Narcisse, ils n'honorent sa couche ;
L'empire vainement demande un héritier.

NARCISSE

Que tardez-vous, Seigneur, à la répudier ?
L'empire, votre cœur, tout condamne Octavie.
Auguste, votre aïeul, soupirait pour Livie :
Par un double divorce ils s'unirent tous deux,
Et vous devez l'empire à ce divorce heureux.
Tibère, que l'hymen plaça dans sa famille,
480 Osa bien à ses yeux répudier sa fille[1].
Vous seul, jusques ici contraire à vos désirs,
N'osez par un divorce assurer vos plaisirs.

NÉRON

Et ne connais-tu pas l'implacable Agrippine ?
Mon amour inquiet déjà se l'imagine
Qui m'amène Octavie, et d'un œil enflammé
Atteste les saints droits d'un nœud qu'elle a formé ;

Et portant à mon cœur des atteintes plus rudes,
Me fait un long récit de mes ingratitudes.
De quel front soutenir ce fâcheux entretien ?

NARCISSE

490 N'êtes-vous pas, Seigneur, votre maître et le sien ?
Vous verrons-nous toujours trembler sous sa tutelle ?
Vivez, régnez pour vous : c'est trop régner pour elle.
Craignez-vous ? Mais, Seigneur, vous ne la craignez
Vous venez de bannir le superbe Pallas,            [pas :
Pallas, dont vous savez qu'elle soutient l'audace.

NÉRON

Éloigné de ses yeux, j'ordonne, je menace,
J'écoute vos conseils, j'ose les approuver ;
Je m'excite contre elle, et tâche à la braver :
Mais (je t'expose ici mon âme toute nue)
500 Sitôt que mon malheur me ramène à sa vue,
Soit que je n'ose encor démentir le pouvoir
De ces yeux où j'ai lu si longtemps mon devoir ;
Soit qu'à tant de bienfaits ma mémoire fidèle
Lui soumette en secret tout ce que je tiens d'elle,
Mais enfin mes efforts ne me servent de rien :
Mon génie étonné tremble devant le sien.
Et c'est pour m'affranchir de cette dépendance,
Que je la fuis partout, que même je l'offense,
Et que de temps en temps j'irrite ses ennuis,
510 Afin qu'elle m'évite autant que je la fuis.
Mais je t'arrête trop. Retire-toi, Narcisse ;
Britannicus pourrait t'accuser d'artifice.

NARCISSE

Non, non ; Britannicus s'abandonne à ma foi ;
Par son ordre, Seigneur, il croit que je vous vois,
Que je m'informe ici de tout ce qui le touche,
Et veut de vos secrets être instruit par ma bouche.
Impatient surtout de revoir ses amours,
Il attend de mes soins ce fidèle secours.

NÉRON

J'y consens ; porte-lui cette douce nouvelle :
520 Il la verra.

NARCISSE

Seigneur, bannissez-le loin d'elle.

NÉRON

J'ai mes raisons, Narcisse ; et tu peux concevoir
Que je lui vendrai cher le plaisir de la voir.
Cependant vante-lui ton heureux stratagème,
Dis-lui qu'en sa faveur on me trompe moi-même,
Qu'il la voit sans mon ordre. On ouvre : la voici.
Va retrouver ton maître, et l'amener ici.


## *Scène 3*

### NÉRON, JUNIE


NÉRON

Vous vous troublez, Madame, et changez de visage.
Lisez-vous dans mes yeux quelque triste présage ?

JUNIE

Seigneur, je ne vous puis déguiser mon erreur :
530 J'allais voir Octavie, et non pas l'empereur.

NÉRON

Je le sais bien, Madame, et n'ai pu sans envie
Apprendre vos bontés pour l'heureuse Octavie.

JUNIE

Vous, Seigneur ?

NÉRON

Pensez-vous, Madame, qu'en ces lieux,
Seule pour vous connaître Octavie ait des yeux ?

JUNIE

    Et quel autre, Seigneur, voulez-vous que j'implore ?
    À qui demanderai-je un crime que j'ignore ?
    Vous qui le punissez, vous ne l'ignorez pas :
    De grâce, apprenez-moi, Seigneur, mes attentats.

NÉRON

    Quoi, Madame ? est-ce donc une légère offense
540 De m'avoir si longtemps caché votre présence ?
    Ces trésors dont le ciel voulut vous embellir,
    Les avez-vous reçus pour les ensevelir ?
    L'heureux Britannicus verra-t-il sans alarmes
    Croître, loin de nos yeux, son amour et vos charmes ?
    Pourquoi, de cette gloire exclu jusqu'à ce jour,
    M'avez-vous, sans pitié, relégué dans ma cour ?
    On dit plus : vous souffrez sans en être offensée
    Qu'il vous ose, Madame, expliquer sa pensée.
    Car je ne croirai point que sans me consulter
550 La sévère Junie ait voulu le flatter,
    Ni qu'elle ait consenti d'aimer et d'être aimée,
    Sans que j'en sois instruit que par la renommée.

JUNIE

    Je ne vous nierai point, Seigneur, que ses soupirs
    M'ont daigné quelquefois expliquer ses désirs.
    Il n'a point détourné ses regards d'une fille,
    Seul reste du débris d'une illustre famille.
    Peut-être il se souvient qu'en un temps plus heureux
    Son père me nomma pour l'objet de ses vœux.
    Il m'aime ; il obéit à l'empereur son père,
560 Et j'ose dire encore, à vous, à votre mère :
    Vos désirs sont toujours si conformes aux siens...

NÉRON

    Ma mère a ses desseins, Madame, et j'ai les miens.
    Ne parlons plus ici de Claude et d'Agrippine :
    Ce n'est point par leur choix que je me détermine.
    C'est à moi seul, Madame, à répondre de vous,
    Et je veux de ma main vous choisir un époux.

JUNIE

Ah ! Seigneur, songez-vous que toute autre alliance
Fera honte aux Césars, auteurs de ma naissance ?

NÉRON

Non, Madame, l'époux dont je vous entretiens
570 Peut sans honte assembler vos aïeux et les siens,
Vous pouvez, sans rougir, consentir à sa flamme.

JUNIE

Et quel est donc, Seigneur, cet époux ?

NÉRON

                                        Moi, Madame.

JUNIE

Vous ?

NÉRON

            Je vous nommerais, Madame, un autre nom,
Si j'en avais quelque autre au-dessus de Néron.
Oui, pour vous faire un choix où vous puissiez souscrire,
J'ai parcouru des yeux la cour, Rome et l'empire.
Plus j'ai cherché, Madame, et plus je cherche encor
En quelles mains je dois confier ce trésor,
Plus je vois que César, digne seul de vous plaire,
580 En doit être lui seul l'heureux dépositaire,
Et ne peut dignement vous confier qu'aux mains
À qui Rome a commis l'empire des humains.
Vous-même, consultez vos premières années :
Claudius à son fils les avait destinées,
Mais c'était en un temps où de l'empire entier
Il croyait quelque jour le nommer l'héritier.
Les dieux ont prononcé. Loin de leur contredire,
C'est à vous de passer du côté de l'empire.
En vain de ce présent ils m'auraient honoré,
590 Si votre cœur devait en être séparé,
Si tant de soins ne sont adoucis par vos charmes,

Si tandis que je donne aux veilles, aux alarmes,
Des jours toujours à plaindre et toujours enviés,
Je ne vais quelquefois respirer à vos pieds.
Qu'Octavie à vos yeux ne fasse point d'ombrage :
Rome, aussi bien que moi, vous donne son suffrage,
Répudie Octavie, et me fait dénouer
Un hymen que le ciel ne veut point avouer.
Songez-y donc, Madame, et pesez en vous-même
600 Ce choix digne des soins d'un prince qui vous aime,
Digne de vos beaux yeux trop longtemps captivés,
Digne de l'univers à qui vous vous devez.

JUNIE

Seigneur, avec raison je demeure étonnée.
Je me vois, dans le cours d'une même journée,
Comme une criminelle amenée en ces lieux ;
Et lorsque avec frayeur je parais à vos yeux,
Que sur mon innocence à peine je me fie,
Vous m'offrez tout d'un coup la place d'Octavie.
J'ose dire pourtant que je n'ai mérité
610 Ni cet excès d'honneur, ni cette indignité.
Et pouvez-vous, Seigneur, souhaiter qu'une fille
Qui vit presque en naissant éteindre sa famille,
Qui dans l'obscurité nourrissant sa douleur,
S'est fait une vertu conforme à son malheur,
Passe subitement de cette nuit profonde
Dans un rang qui l'expose aux yeux de tout le monde,
Dont je n'ai pu de loin soutenir la clarté,
Et dont une autre enfin remplit la majesté ?

NÉRON

Je vous ai déjà dit que je la répudie.
620 Ayez moins de frayeur, ou moins de modestie.
N'accusez point ici mon choix d'aveuglement ;
Je vous réponds de vous ; consentez seulement.
Du sang dont vous sortez rappelez la mémoire,
Et ne préférez point à la solide gloire

Des honneurs dont César prétend vous revêtir,
La gloire d'un refus sujet au repentir.

JUNIE

Le ciel connaît, Seigneur, le fond de ma pensée.
Je ne me flatte point d'une gloire insensée :
Je sais de vos présents mesurer la grandeur ;
630 Mais plus ce rang sur moi répandrait de splendeur,
Plus il me ferait honte, et mettrait en lumière
Le crime d'en avoir dépouillé l'héritière.

NÉRON

C'est de ses intérêts prendre beaucoup de soin,
Madame ; et l'amitié ne peut aller plus loin.
Mais ne nous flattons point, et laissons le mystère :
La sœur vous touche ici beaucoup moins que le frère,
Et pour Britannicus...

JUNIE

               Il a su me toucher,
Seigneur, et je n'ai point prétendu m'en cacher.
Cette sincérité sans doute est peu discrète ;
640 Mais toujours de mon cœur ma bouche est l'interprète.
Absente de la cour, je n'ai pas dû penser,
Seigneur, qu'en l'art de feindre il fallût m'exercer.
J'aime Britannicus. Je lui fus destinée
Quand l'empire devait suivre son hyménée :
Mais ces mêmes malheurs qui l'en ont écarté,
Ses honneurs abolis, son palais déserté,
La fuite d'une cour que sa chute a bannie,
Sont autant de liens qui retiennent Junie.
Tout ce que vous voyez conspire à vos désirs ;
650 Vos jours toujours sereins coulent dans les plaisirs :
L'empire en est pour vous l'inépuisable source ;
Ou, si quelque chagrin en interrompt la course,
Tout l'univers soigneux de les entretenir
S'empresse à l'effacer de votre souvenir.
Britannicus est seul. Quelque ennui qui le presse,

Il ne voit, dans son sort, que moi qui s'intéresse[1],
Et n'a pour tout plaisir, Seigneur, que quelques pleurs
Qui lui font quelquefois oublier ses malheurs.

NÉRON

Et ce sont ces plaisirs et ces pleurs que j'envie,
660 Que tout autre que lui me paierait de sa vie.
Mais je garde à ce prince un traitement plus doux :
Madame, il va bientôt paraître devant vous.

JUNIE

Ah, Seigneur ! vos vertus m'ont toujours rassurée.

NÉRON

Je pouvais de ces lieux lui défendre l'entrée ;
Mais, Madame, je veux prévenir le danger
Où son ressentiment le pourrait engager.
Je ne veux point le perdre : il vaut mieux que lui-
Entende son arrêt de la bouche qu'il aime.      [même
Si ses jours vous sont chers, éloignez-le de vous,
670 Sans qu'il ait aucun lieu de me croire jaloux.
De son bannissement prenez sur vous l'offense,
Et soit par vos discours, soit par votre silence,
Du moins par vos froideurs, faites-lui concevoir
Qu'il doit porter ailleurs ses vœux et son espoir.

JUNIE

Moi ! que je lui prononce un arrêt si sévère ?
Ma bouche mille fois lui jura le contraire.
Quand même jusque-là je pourrais me trahir,
Mes yeux lui défendront, Seigneur, de m'obéir.

NÉRON

Caché près de ces lieux, je vous verrai, Madame.
680 Renfermez votre amour dans le fond de votre âme.
Vous n'aurez point pour moi de langages secrets :
J'entendrai des regards que vous croirez muets,
Et sa perte sera l'infaillible salaire
D'un geste ou d'un soupir échappé pour lui plaire.

JUNIE

>  Hélas ! si j'ose encor former quelques souhaits,
>  Seigneur, permettez-moi de ne le voir jamais !

## *Scène 4*

### NÉRON, JUNIE, NARCISSE

NARCISSE

>  Britannicus, Seigneur, demande la princesse :
>  Il approche.

NÉRON

>  Qu'il vienne.

JUNIE

>  Ah ! Seigneur !

NÉRON

>  Je vous laisse.
>  Sa fortune dépend de vous plus que de moi :
>  690 Madame, en le voyant, songez que je vous voi.

## *Scène 5*

### JUNIE, NARCISSE

JUNIE

>  Ah ! cher Narcisse, cours au-devant de ton maître :
>  Dis-lui... Je suis perdue, et je le vois paraître !

## *Scène 6*

### JUNIE, BRITANNICUS, NARCISSE

**BRITANNICUS**

    Madame, quel bonheur me rapproche de vous ?
    Quoi ? je puis donc jouir d'un entretien si doux ?
    Mais parmi ce plaisir, quel chagrin me dévore !
    Hélas ! puis-je espérer de vous revoir encore ?
    Faut-il que je dérobe, avec mille détours,
    Un bonheur que vos yeux m'accordaient tous les
                                [jours ?
    Quelle nuit ! quel réveil ! Vos pleurs, votre présence
700  N'ont point de ces cruels désarmé l'insolence ?
    Que faisait votre amant ? Quel démon envieux
    M'a refusé l'honneur de mourir à vos yeux ?
    Hélas ! dans la frayeur dont vous étiez atteinte,
    M'avez-vous en secret adressé quelque plainte ?
    Ma princesse, avez-vous daigné me souhaiter ?
    Songiez-vous aux douleurs que vous m'alliez coûter ?
    Vous ne me dites rien ? Quel accueil ! Quelle glace !
    Est-ce ainsi que vos yeux consolent ma disgrâce ?
    Parlez : nous sommes seuls. Notre ennemi trompé
710  Tandis que je vous parle est ailleurs occupé.
    Ménageons les moments de cette heureuse absence.

**JUNIE**

    Vous êtes en des lieux tout pleins de sa puissance.
    Ces murs mêmes, Seigneur, peuvent avoir des yeux,
    Et jamais l'empereur n'est absent de ces lieux.

**BRITANNICUS**

    Et depuis quand, Madame, êtes-vous si craintive ?
    Quoi ? déjà votre amour souffre qu'on le captive ?
    Qu'est devenu ce cœur qui me jurait toujours
    De faire à Néron même envier nos amours ?

    Mais bannissez, Madame, une inutile crainte.
720 La foi dans tous les cœurs n'est pas encore éteinte ;
    Chacun semble des yeux approuver mon courroux,
    La mère de Néron se déclare pour nous,
    Rome, de sa conduite elle-même offensée...

JUNIE

    Ah ! Seigneur, vous parlez contre votre pensée.
    Vous-même, vous m'avez avoué mille fois
    Que Rome le louait d'une commune voix ;
    Toujours à sa vertu vous rendiez quelque hommage.
    Sans doute la douleur vous dicte ce langage.

BRITANNICUS

    Ce discours me surprend, il le faut avouer.
730 Je ne vous cherchais pas pour l'entendre louer.
    Quoi ? pour vous confier la douleur qui m'accable,
    À peine je dérobe un moment favorable,
    Et ce moment si cher, Madame, est consumé
    À louer l'ennemi dont je suis opprimé ?
    Qui vous rend à vous-même, en un jour, si contraire ?
    Quoi ! même vos regards ont appris à se taire ?
    Que vois-je ? Vous craignez de rencontrer mes yeux ?
    Néron vous plairait-il ? Vous serais-je odieux ?
    Ah ! si je le croyais... Au nom des dieux, Madame,
740 Éclaircissez le trouble où vous jetez mon âme.
    Parlez. Ne suis-je plus dans votre souvenir ?

JUNIE

    Retirez-vous, Seigneur ; l'empereur va venir.

BRITANNICUS

    Après ce coup, Narcisse, à qui dois-je m'attendre[1] ?

## *Scène 7*

### NÉRON, JUNIE, NARCISSE

NÉRON
Madame...

JUNIE
          Non, Seigneur, je ne puis rien entendre.
Vous êtes obéi. Laissez couler du moins
Des larmes dont ses yeux ne seront pas témoins.

## *Scène 8*

### NÉRON, NARCISSE

NÉRON
Eh bien ! de leur amour tu vois la violence,
Narcisse : elle a paru jusque dans son silence !
Elle aime mon rival, je ne puis l'ignorer ;
750 Mais je mettrai ma joie à le désespérer.
Je me fais de sa peine une image charmante,
Et je l'ai vu douter du cœur de son amante.
Je la suis. Mon rival t'attend pour éclater :
Par de nouveaux soupçons, va, cours le tourmenter.
Et tandis qu'à mes yeux on le pleure, on l'adore,
Fais-lui payer bien cher un bonheur qu'il ignore.

NARCISSE, *seul.*
La fortune t'appelle une seconde fois,
Narcisse : voudrais-tu résister à sa voix ?
Suivons jusques au bout ses ordres favorables ;
760 Et pour nous rendre heureux, perdons les misérables[1].

# Acte III

BURRHUS

    Pallas obéira, Seigneur.

NÉRON

                Et de quel œil

    Ma mère a-t-elle vu confondre son orgueil ?

BURRHUS

    Ne doutez point, Seigneur, que ce coup ne la frappe,

    Qu'en reproches bientôt sa douleur ne s'échappe.

    Ses transports dès longtemps commencent d'éclater.

    À d'inutiles cris puissent-ils s'arrêter !

NÉRON

    Quoi ? de quelque dessein la croyez-vous capable ?

BURRHUS

    Agrippine, Seigneur, est toujours redoutable.

    Rome et tous vos soldats révèrent ses aïeux ;

770    Germanicus son père est présent à leurs yeux.

    Elle sait son pouvoir ; vous savez son courage ;

    Et ce qui me la fait redouter davantage,

    C'est que vous appuyez vous-même son courroux

    Et que vous lui donnez des armes contre vous.

NÉRON

    Moi, Burrhus ?

BURRHUS
                    Cet amour, Seigneur, qui vous possède...

NÉRON
     Je vous entends, Burrhus. Le mal est sans remède.
     Mon cœur s'en est plus dit que vous ne m'en direz ;
     Il faut que j'aime enfin.

BURRHUS
                              Vous vous le figurez,
     Seigneur ; et satisfait de quelque résistance,
780 Vous redoutez un mal faible dans sa naissance.
     Mais si, dans son devoir, votre cœur affermi
     Voulait ne point s'entendre avec son ennemi,
     Si de vos premiers ans vous consultiez la gloire,
     Si vous daigniez, Seigneur, rappeler la mémoire
     Des vertus d'Octavie indignes de ce prix,
     Et de son chaste amour vainqueur de vos mépris,
     Surtout si, de Junie évitant la présence,
     Vous condamniez vos yeux à quelques jours d'absence :
     Croyez-moi, quelque amour qui semble vous charmer,
790 On n'aime point, Seigneur, si l'on ne veut aimer.

NÉRON
     Je vous croirai, Burrhus, lorsque dans les alarmes
     Il faudra soutenir la gloire de nos armes,
     Ou lorsque, plus tranquille, assis dans le sénat,
     Il faudra décider du destin de l'État :
     Je m'en reposerai sur votre expérience.
     Mais, croyez-moi, l'amour est une autre science,
     Burrhus, et je ferais quelque difficulté
     D'abaisser jusque-là votre sévérité.
     Adieu. Je souffre trop, éloigné de Junie.

## *Scène 2*

BURRHUS, *seul.*

800 Enfin, Burrhus, Néron découvre son génie :
Cette férocité que tu croyais fléchir,
De tes faibles liens est prête à s'affranchir.
En quels excès peut-être elle va se répandre !
Ô dieux ! en ce malheur quel conseil dois-je prendre ?
Sénèque, dont les soins me devraient soulager,
Occupé loin de Rome, ignore ce danger.
Mais quoi ? si d'Agrippine excitant la tendresse
Je pouvais... La voici : mon bonheur me l'adresse.


## *Scène 3*

### AGRIPPINE, BURRHUS, ALBINE

AGRIPPINE
Eh bien ! je me trompais, Burrhus, dans mes soup-
810 Et vous vous signalez par d'illustres leçons !    [çons ?
On exile Pallas, dont le crime peut-être
Est d'avoir à l'empire élevé votre maître.
Vous le savez trop bien : jamais, sans ses avis,
Claude qu'il gouvernait n'eût adopté mon fils.
Que dis-je ? À son épouse on donne une rivale ;
On affranchit Néron de la foi conjugale !
Digne emploi d'un ministre ennemi des flatteurs,
Choisi pour mettre un frein à ses jeunes ardeurs,
De les flatter lui-même, et nourrir dans son âme
820 Le mépris de sa mère et l'oubli de sa femme !

BURRHUS
Madame, jusqu'ici c'est trop tôt m'accuser.

L'empereur n'a rien fait qu'on ne puisse excuser.
N'imputez qu'à Pallas un exil nécessaire :
Son orgueil dès longtemps exigeait ce salaire,
Et l'empereur ne fait qu'accomplir à regret
Ce que toute la cour demandait en secret.
Le reste est un malheur qui n'est point sans ressource :
Des larmes d'Octavie on peut tarir la source.
Mais calmez vos transports. Par un chemin plus doux,
830 Vous lui pourrez plus tôt ramener son époux :
Les menaces, les cris le rendront plus farouche.


AGRIPPINE

Ah ! l'on s'efforce en vain de me fermer la bouche.
Je vois que mon silence irrite vos dédains,
Et c'est trop respecter l'ouvrage de mes mains.
Pallas n'emporte pas tout l'appui d'Agrippine :
Le ciel m'en laisse assez pour venger ma ruine.
Le fils de Claudius commence à ressentir
Des crimes dont je n'ai que le seul repentir[1].
J'irai, n'en doutez point, le montrer à l'armée,
840 Plaindre aux yeux des soldats son enfance opprimée[2],
Leur faire, à mon exemple, expier leur erreur.
On verra d'un côté le fils d'un empereur
Redemandant la foi jurée à sa famille,
Et de Germanicus on entendra la fille ;
De l'autre, l'on verra le fils d'Ænobarbus,
Appuyé de Sénèque et du tribun Burrhus[3],
Qui tous deux, de l'exil rappelés par moi-même,
Partagent à mes yeux l'autorité suprême.
De nos crimes communs je veux qu'on soit instruit ;
850 On saura les chemins par où je l'ai conduit.
Pour rendre sa puissance et la vôtre odieuses,
J'avouerai les rumeurs les plus injurieuses :
Je confesserai tout, exils, assassinats,
Poison même...

BURRHUS
                    Madame, ils ne vous croiront pas.
Ils sauront récuser l'injuste stratagème
D'un témoin irrité qui s'accuse lui-même.
Pour moi, qui le premier secondai vos desseins,
Qui fis même jurer l'armée entre ses mains,
Je ne me repens point de ce zèle sincère.
860 Madame, c'est un fils qui succède à son père.
En adoptant Néron, Claudius par son choix
De son fils et du vôtre a confondu les droits.
Rome l'a pu choisir. Ainsi, sans être injuste,
Elle choisit Tibère adopté par Auguste ;
Et le jeune Agrippa, de son sang descendu,
Se vit exclu du rang vainement prétendu.
Sur tant de fondements sa puissance établie
Par vous-même aujourd'hui ne peut être affaiblie :
Et s'il m'écoute encor, Madame, sa bonté
870 Vous en fera bientôt perdre la volonté.
J'ai commencé, je vais poursuivre mon ouvrage.


## Scène 4

### AGRIPPINE, ALBINE


ALBINE
Dans quel emportement la douleur vous engage,
Madame ! L'empereur puisse-t-il l'ignorer !

AGRIPPINE
Ah ! lui-même à mes yeux puisse-t-il se montrer !

ALBINE
Madame, au nom des dieux, cachez votre colère.
Quoi ? pour les intérêts de la sœur ou du frère,
Faut-il sacrifier le repos de vos jours ?

Contraindrez-vous César jusque dans ses amours ?

AGRIPPINE

Quoi ? tu ne vois donc pas jusqu'où l'on me ravale,
880 Albine ? C'est à moi qu'on donne une rivale.
Bientôt, si je ne romps ce funeste lien,
Ma place est occupée et je ne suis plus rien.
Jusqu'ici d'un vain titre Octavie honorée,
Inutile à la cour, en était ignorée.
Les grâces, les honneurs, par moi seule versés,
M'attiraient des mortels les vœux intéressés.
Une autre de César a surpris la tendresse :
Elle aura le pouvoir d'épouse et de maîtresse,
Le fruit de tant de soins, la pompe des Césars,
890 Tout deviendra le prix d'un seul de ses regards.
Que dis-je ? l'on m'évite, et déjà délaissée...
Ah ! je ne puis, Albine, en souffrir la pensée.
Quand je devrais du ciel hâter l'arrêt fatal[1],
Néron, l'ingrat Néron... Mais voici son rival.

## *Scène 5*

BRITANNICUS, AGRIPPINE, NARCISSE, ALBINE

BRITANNICUS

Nos ennemis communs ne sont pas invincibles,
Madame, nos malheurs trouvent des cœurs sensibles.
Vos amis et les miens, jusqu'alors si secrets,
Tandis que nous perdions le temps en vains regrets,
Animés du courroux qu'allume l'injustice,
900 Viennent de confier leur douleur à Narcisse.
Néron n'est pas encor tranquille possesseur
De l'ingrate qu'il aime au mépris de ma sœur.
Si vous êtes toujours sensible à son injure,
On peut dans son devoir ramener le parjure.
La moitié du sénat s'intéresse pour nous :

Sylla, Pison, Plautus...

**AGRIPPINE**

Prince, que dites-vous ?
Sylla, Pison, Plautus ! les chefs de la noblesse !

**BRITANNICUS**

Madame, je vois bien que ce discours vous blesse ;
Et que votre courroux, tremblant, irrésolu,
910 Craint déjà d'obtenir tout ce qu'il a voulu.
Non, vous avez trop bien établi ma disgrâce :
D'aucun ami pour moi ne redoutez l'audace.
Il ne m'en reste plus, et vos soins trop prudents
Les ont tous écartés ou séduits dès longtemps.

**AGRIPPINE**

Seigneur, à vos soupçons donnez moins de créance :
Notre salut dépend de notre intelligence.
J'ai promis, il suffit. Malgré vos ennemis,
Je ne révoque rien de ce que j'ai promis.
Le coupable Néron fuit en vain ma colère :
920 Tôt ou tard il faudra qu'il entende sa mère.
J'essaierai tour à tour la force et la douceur,
Ou moi-même, avec moi conduisant votre sœur,
J'irai semer partout ma crainte et ses alarmes,
Et ranger tous les cœurs du parti de ses larmes.
Adieu. J'assiégerai Néron de toutes parts.
Vous, si vous m'en croyez, évitez ses regards.

## Scène 6

### BRITANNICUS, NARCISSE

**BRITANNICUS**

Ne m'as-tu point flatté d'une fausse espérance ?
Puis-je sur ton récit fonder quelque assurance,
Narcisse ?

NARCISSE

       Oui. Mais, Seigneur, ce n'est pas en ces lieux
930 Qu'il faut développer ce mystère à vos yeux.
Sortons. Qu'attendez-vous ?

BRITANNICUS

                Ce que j'attends, Narcisse ?
Hélas !

NARCISSE

     Expliquez-vous.

BRITANNICUS

          Si par ton artifice,
Je pouvais revoir...

NARCISSE

        Qui ?

BRITANNICUS

          J'en rougis. Mais enfin
D'un cœur moins agité j'attendrais mon destin.

NARCISSE

Après tous mes discours, vous la croyez fidèle ?

BRITANNICUS

Non, je la crois, Narcisse, ingrate, criminelle,
Digne de mon courroux ; mais je sens, malgré moi,
Que je ne le crois pas autant que je le doi[1].
Dans ses égarements mon cœur opiniâtre
940 Lui prête des raisons, l'excuse, l'idolâtre.
Je voudrais vaincre enfin mon incrédulité,
Je la voudrais haïr avec tranquillité.
Et qui croira qu'un cœur si grand en apparence,
D'une infidèle cour ennemi dès l'enfance,
Renonce à tant de gloire, et dès le premier jour
Trame une perfidie inouïe à la cour ?

NARCISSE

Et qui sait si l'ingrate, en sa longue retraite,
N'a point de l'empereur médité la défaite ?

Trop sûre que ses yeux ne pouvaient se cacher,
950 Peut-être elle fuyait pour se faire chercher,
Pour exciter Néron par la gloire pénible
De vaincre une fierté jusqu'alors invincible.

**BRITANNICUS**
Je ne la puis donc voir ?

**NARCISSE**
      Seigneur, en ce moment
Elle reçoit les vœux de son nouvel amant.

**BRITANNICUS**
Eh bien ! Narcisse, allons. Mais que vois-je ? C'est elle.

**NARCISSE,** *à part*
Ah ! dieux ! À l'empereur portons cette nouvelle.


## *Scène 7*

### BRITANNICUS, JUNIE


**JUNIE**
Retirez-vous, Seigneur, et fuyez un courroux
Que ma persévérance allume contre vous.
Néron est irrité. Je me suis échappée
960 Tandis qu'à l'arrêter sa mère est occupée.
Adieu ; réservez-vous, sans blesser mon amour,
Au plaisir de me voir justifier un jour ;
Votre image sans cesse est présente à mon âme :
Rien ne l'en peut bannir.

**BRITANNICUS**
     Je vous entends, Madame ;
Vous voulez que ma fuite assure vos désirs,

Que je laisse un champ libre à vos nouveaux soupirs.
Sans doute, en me voyant, une pudeur secrète
Ne vous laisse goûter qu'une joie inquiète.
Eh bien ! il faut partir.

JUNIE

                        Seigneur, sans m'imputer...

BRITANNICUS

970 Ah ! vous deviez du moins plus longtemps disputer.
Je ne murmure point qu'une amitié commune
Se range du parti que flatte la fortune ;
Que l'éclat d'un empire ait pu vous éblouir ;
Qu'aux dépens de ma sœur vous en vouliez jouir ;
Mais que de ces grandeurs comme une autre occupée
Vous m'en ayez paru si longtemps détrompée,
Non, je l'avoue encor, mon cœur désespéré
Contre ce seul malheur n'était point préparé.
J'ai vu sur ma ruine élever l'injustice ;
980 De mes persécuteurs j'ai vu le ciel complice ;
Tant d'horreurs n'avaient point épuisé son courroux,
Madame ; il me restait d'être oublié de vous.

JUNIE

Dans un temps plus heureux ma juste impatience
Vous ferait repentir de votre défiance.
Mais Néron vous menace : en ce pressant danger,
Seigneur, j'ai d'autres soins que de vous affliger.
Allez, rassurez-vous et cessez de vous plaindre :
Néron nous écoutait, et m'ordonnait de feindre.

BRITANNICUS

Quoi ? le cruel...

JUNIE

                        Témoin de tout notre entretien,
990 D'un visage sévère examinait le mien,
Prêt à faire sur vous éclater la vengeance
D'un geste confident de notre intelligence.

*Agnès Mallet (Junie), Bruno Choël (Britannicus).*
*Mise en scène de Gildas Bourdet.*
*(Théâtre de la Salamandre, 1979.)*

BRITANNICUS

Néron nous écoutait, Madame ! Mais, hélas !
Vos yeux auraient pu feindre et ne m'abuser pas ;
Ils pouvaient me nommer l'auteur de cet outrage.
L'amour est-il muet, ou n'a-t-il qu'un langage ?
De quel trouble un regard pouvait me préserver !
Il fallait...

JUNIE

        Il fallait me taire et vous sauver.
Combien de fois, hélas ! puisqu'il faut vous le dire,
1000 Mon cœur de son désordre allait-il vous instruire ?
De combien de soupirs interrompant le cours
Ai-je évité vos yeux que je cherchais toujours ?
Quel tourment de se taire en voyant ce qu'on aime,
De l'entendre gémir, de l'affliger soi-même,
Lorsque par un regard on peut le consoler !
Mais quels pleurs ce regard aurait-il fait couler !
Ah ! dans ce souvenir, inquiète, troublée,
Je ne me sentais pas assez dissimulée.
De mon front effrayé je craignais la pâleur,
1010 Je trouvais mes regards trop pleins de ma douleur.
Sans cesse il me semblait que Néron en colère
Me venait reprocher trop de soin de vous plaire,
Je craignais mon amour vainement renfermé,
Enfin, j'aurais voulu n'avoir jamais aimé.
Hélas ! pour son bonheur, Seigneur, et pour le nôtre,
Il n'est que trop instruit de mon cœur et du vôtre !
Allez, encore un coup, cachez-vous à ses yeux :
Mon cœur plus à loisir vous éclaircira mieux.
De mille autres secrets j'aurais compte à vous rendre.

BRITANNICUS

1020 Ah ! n'en voilà que trop. C'est trop me faire entendre,
Madame, mon bonheur, mon crime, vos bontés.
Et savez-vous pour moi tout ce que vous quittez ?
Quand pourrai-je à vos pieds expier ce reproche ?

JUNIE
    Que faites-vous ? Hélas ! votre rival s'approche.


## *Scène 8*
### NÉRON, BRITANNICUS, JUNIE

NÉRON
    Prince, continuez des transports si charmants.
    Je conçois vos bontés par ses remerciements,
    Madame. À vos genoux je viens de le surprendre,
    Mais il aurait aussi quelque grâce à me rendre :
    Ce lieu le favorise, et je vous y retiens
1030 Pour lui faciliter de si doux entretiens.

BRITANNICUS
    Je puis mettre à ses pieds ma douleur ou ma joie
    Partout où sa bonté consent que je la voie ;
    Et l'aspect de ces lieux où vous la retenez
    N'a rien dont mes regards doivent être étonnés.

NÉRON
    Et que vous montrent-ils qui ne vous avertisse
    Qu'il faut qu'on me respecte et que l'on m'obéisse ?

BRITANNICUS
    Ils ne nous ont pas vus l'un et l'autre élever,
    Moi pour vous obéir et vous pour me braver,
    Et ne s'attendaient pas, lorsqu'ils nous virent naître,
1040 Qu'un jour Domitius me dût parler en maître.

NÉRON
    Ainsi par le destin nos vœux sont traversés :
    J'obéissais alors, et vous obéissez.
    Si vous n'avez appris à vous laisser conduire,
    Vous êtes jeune encore, et l'on peut vous instruire.

BRITANNICUS
Et qui m'en instruira ?

NÉRON

                         Tout l'empire à la fois,
Rome.

BRITANNICUS
         Rome met-elle au nombre de vos droits
Tout ce qu'a de cruel l'injustice et la force,
Les emprisonnements, le rapt et le divorce ?

NÉRON
Rome ne porte point ses regards curieux
1050 Jusque dans des secrets que je cache à ses yeux.
Imitez son respect.

BRITANNICUS

                         On sait ce qu'elle en pense.

NÉRON
Elle se tait du moins : imitez son silence.

BRITANNICUS
Ainsi Néron commence à ne plus se forcer.

NÉRON
Néron de vos discours commence à se lasser.

BRITANNICUS
Chacun devait bénir le bonheur de son règne.

NÉRON
Heureux ou malheureux, il suffit qu'on me craigne.

BRITANNICUS
Je connais mal Junie ou de tels sentiments
Ne mériteront pas ses applaudissements.

NÉRON
Du moins, si je ne sais le secret de lui plaire,
1060 Je sais l'art de punir un rival téméraire.

BRITANNICUS
> Pour moi, quelque péril qui me puisse accabler,
> Sa seule inimitié peut me faire trembler.

NÉRON
> Souhaitez-la, c'est tout ce que je vous puis dire.

BRITANNICUS
> Le bonheur de lui plaire est le seul où j'aspire.

NÉRON
> Elle vous l'a promis, vous lui plairez toujours.

BRITANNICUS
> Je ne sais pas du moins épier ses discours.
> Je la laisse expliquer sur tout ce qui me touche,
> Et ne me cache point pour lui fermer la bouche.

NÉRON
> Je vous entends. Eh bien, gardes !

JUNIE
>       Que faites-vous ?
1070 C'est votre frère[1]. Hélas ! C'est un amant jaloux ;
> Seigneur, mille malheurs persécutent sa vie.
> Ah ! son bonheur peut-il exciter votre envie ?
> Souffrez que de vos cœurs rapprochant les liens,
> Je me cache à vos yeux et me dérobe aux siens ;
> Ma fuite arrêtera vos discordes fatales,
> Seigneur, j'irai remplir le nombre des vestales.
> Ne lui disputez plus mes vœux infortunés,
> Souffrez que les dieux seuls en soient importunés.

NÉRON
> L'entreprise, Madame, est étrange et soudaine.
1080 Dans son appartement, gardes, qu'on la ramène.
> Gardez Britannicus dans celui de sa sœur.

BRITANNICUS
> C'est ainsi que Néron sait disputer un cœur.

JUNIE
Prince, sans l'irriter, cédons à cet orage.

NÉRON
Gardes, obéissez sans tarder davantage.

## Scène 9

### NÉRON, BURRHUS

BURRHUS
Que vois-je ? Ô ciel !

NÉRON, *sans voir Burrhus.*

                Ainsi leurs feux sont redoublés.
Je reconnais la main qui les a rassemblés.
Agrippine ne s'est présentée à ma vue,
Ne s'est dans ses discours si longtemps étendue,
Que pour faire jouer ce ressort odieux.
1090 Qu'on sache si ma mère est encore en ces lieux.
Burrhus, dans ce palais je veux qu'on la retienne,
Et qu'au lieu de sa garde on lui donne la mienne.

BURRHUS
Quoi, Seigneur ? sans l'ouïr ? Une mère ?

NÉRON

                            Arrêtez.
J'ignore quel projet, Burrhus, vous méditez,
Mais depuis quelques jours tout ce que je désire
Trouve en vous un censeur prêt à me contredire.
Répondez-m'en, vous dis-je ; ou sur votre refus
D'autres me répondront et d'elle et de Burrhus.

# Acte IV

## *Scène 1*

### AGRIPPINE, BURRHUS

**BURRHUS**

Oui, Madame, à loisir vous pourrez vous défendre :
1100 César lui-même ici consent de vous entendre.
Si son ordre au palais vous a fait retenir,
C'est peut-être à dessein de vous entretenir.
Quoi qu'il en soit, si j'ose expliquer ma pensée,
Ne vous souvenez plus qu'il vous ait offensée :
Préparez-vous plutôt à lui tendre les bras ;
Défendez-vous, Madame, et ne l'accusez pas.
Vous voyez, c'est lui seul que la cour envisage.
Quoiqu'il soit votre fils, et même votre ouvrage,
Il est votre empereur. Vous êtes, comme nous,
1110 Sujette à ce pouvoir qu'il a reçu de vous.
Selon qu'il vous menace, ou bien qu'il vous caresse,
La cour autour de vous ou s'écarte ou s'empresse.
C'est son appui qu'on cherche en cherchant votre
Mais voici l'empereur.                          [appui.

**AGRIPPINE**

Qu'on me laisse avec lui.

# *Scène 2*
## NÉRON, AGRIPPINE

AGRIPPINE, *s'asseyant.*
   Approchez-vous, Néron, et prenez votre place.
   On veut sur vos soupçons que je vous satisfasse.
   J'ignore de quel crime on a pu me noircir :
   De tous ceux que j'ai faits je vais vous éclaircir[1].
   Vous régnez : vous savez combien votre naissance
1120 Entre l'empire et vous avait mis de distance.
   Les droits de mes aïeux, que Rome a consacrés,
   Étaient même sans moi d'inutiles degrés.
   Quand de Britannicus la mère condamnée[2]
   Laissa de Claudius disputer l'hyménée,
   Parmi tant de beautés qui briguèrent son choix,
   Qui de ses affranchis mendièrent les voix,
   Je souhaitai son lit, dans la seule pensée
   De vous laisser au trône où je serais placée.
   Je fléchis mon orgueil, j'allai prier Pallas.
1130 Son maître, chaque jour caressé dans mes bras,
   Prit insensiblement dans les yeux de sa nièce
   L'amour où je voulais amener sa tendresse.
   Mais ce lien du sang qui nous joignait tous deux
   Écartait Claudius d'un lit incestueux ;
   Il n'osait épouser la fille de son frère.
   Le sénat fut séduit : une loi moins sévère
   Mit Claude dans mon lit, et Rome à mes genoux.
   C'était beaucoup pour moi, ce n'était rien pour vous.
   Je vous fis sur mes pas entrer dans sa famille :
1140 Je vous nommai son gendre, et vous donnai sa fille ;
   Silanus, qui l'aimait, s'en vit abandonné
   Et marqua de son sang ce jour infortuné.
   Ce n'était rien encore. Eussiez-vous pu prétendre
   Qu'un jour Claude à son fils pût préférer son gendre ?

De ce même Pallas j'implorai le secours :
Claude vous adopta, vaincu par ses discours,
Vous appela Néron, et du pouvoir suprême
Voulut, avant le temps, vous faire part lui-même.
C'est alors que chacun, rappelant le passé,
1150 Découvrit mon dessein déjà trop avancé,
Que de Britannicus la disgrâce future
Des amis de son père excita le murmure.
Mes promesses aux uns éblouirent les yeux ;
L'exil me délivra des plus séditieux ;
Claude même, lassé de ma plainte éternelle,
Éloigna de son fils tous ceux de qui le zèle,
Engagé dès longtemps à suivre son destin,
Pouvait du trône encor lui rouvrir le chemin.
Je fis plus : je choisis moi-même dans ma suite
1160 Ceux à qui je voulais qu'on livrât sa conduite ;
J'eus soin de vous nommer, par un contraire choix,
Des gouverneurs que Rome honorait de sa voix ;
Je fus sourde à la brigue, et crus la renommée :
J'appelai de l'exil, je tirai de l'armée,
Et ce même Sénèque, et ce même Burrhus,
Qui depuis... Rome alors estimait leurs vertus.
De Claude en même temps épuisant les richesses,
Ma main, sous votre nom, répandait ses largesses.
Les spectacles, les dons, invincibles appas,
1170 Vous attiraient les cœurs du peuple et des soldats,
Qui d'ailleurs, réveillant leur tendresse première,
Favorisaient en vous Germanicus mon père.
Cependant Claudius penchait vers son déclin.
Ses yeux, longtemps fermés, s'ouvrirent à la fin :
Il connut son erreur. Occupé de sa crainte,
Il laissa pour son fils échapper quelque plainte,
Et voulut, mais trop tard, assembler ses amis.
Ses gardes, son palais, son lit m'étaient soumis.
Je lui laissai sans fruit consumer sa tendresse ;
1180 De ses derniers soupirs je me rendis maîtresse ;

Mes soins, en apparence épargnant ses douleurs,
De son fils, en mourant, lui cachèrent les pleurs.
Il mourut. Mille bruits en courent à ma honte[1].
J'arrêtai de sa mort la nouvelle trop prompte,
Et tandis que Burrhus allait secrètement
De l'armée en vos mains exiger le serment,
Que vous marchiez au camp, conduit sous mes auspi-
Dans Rome les autels fumaient de sacrifices :     [ces,
Par mes ordres trompeurs tout le peuple excité
1190 Du prince déjà mort demandait la santé.
Enfin des légions l'entière obéissance
Ayant de votre empire affermi la puissance,
On vit Claude[2], et le peuple, étonné de son sort,
Apprit en même temps votre règne et sa mort.
C'est le sincère aveu que je voulais vous faire.
Voilà tous mes forfaits. En voici le salaire.
Du fruit de tant de soins à peine jouissant
En avez-vous six mois paru reconnaissant,
Que lassé d'un respect qui vous gênait peut-être,
1200 Vous avez affecté de ne me plus connaître.
J'ai vu Burrhus, Sénèque, aigrissant vos soupçons,
De l'infidélité vous tracer des leçons,
Ravis d'être vaincus dans leur propre science.
J'ai vu favorisés de votre confiance
Othon, Sénécion, jeunes voluptueux,
Et de tous vos plaisirs flatteurs respectueux ;
Et lorsque vos mépris excitant mes murmures,
Je vous ai demandé raison de tant d'injures,
Seul recours d'un ingrat qui se voit confondu,
1210 Par de nouveaux affronts vous m'avez répondu.
Aujourd'hui je promets Junie à votre frère,
Ils se flattent tous deux du choix de votre mère :
Que faites-vous ? Junie, enlevée à la cour,
Devient en une nuit l'objet de votre amour ;
Je vois de votre cœur Octavie effacée,
Prête à sortir du lit où je l'avais placée ;

Je vois Pallas banni, votre frère arrêté ;
Vous attentez enfin jusqu'à ma liberté :
Burrhus ose sur moi porter ses mains hardies.
1220 Et lorsque, convaincu de tant de perfidies,
Vous deviez ne me voir que pour les expier,
C'est vous qui m'ordonnez de me justifier.

NÉRON
Je me souviens toujours que je vous dois l'empire,
Et sans vous fatiguer du soin de le redire,
Votre bonté, Madame, avec tranquillité
Pouvait se reposer sur ma fidélité.
Aussi bien ces soupçons, ces plaintes assidues,
Ont fait croire à tous ceux qui les ont entendues
Que jadis (j'ose ici vous le dire entre nous)
1230 Vous n'aviez, sous mon nom, travaillé que pour vous.
« Tant d'honneurs, disaient-ils, et tant de déférences,
« Sont-ce de ses bienfaits de faibles récompenses ?
« Quel crime a donc commis ce fils tant condamné ?
« Est-ce pour obéir qu'elle l'a couronné ?
« N'est-il de son pouvoir que le dépositaire ? »
Non que, si jusque-là j'avais pu vous complaire,
Je n'eusse pris plaisir, Madame, à vous céder
Ce pouvoir que vos cris semblaient redemander ;
Mais Rome veut un maître, et non une maîtresse.
1240 Vous entendiez les bruits qu'excitait ma faiblesse.
Le sénat chaque jour et le peuple, irrités
De s'ouïr par ma voix dicter vos volontés,
Publiaient qu'en mourant Claude avec sa puissance
M'avait encor laissé sa simple obéissance.
Vous avez vu cent fois nos soldats en courroux
Porter en murmurant leurs aigles devant vous[1],
Honteux de rabaisser par cet indigne usage
Les héros dont encore elles portent l'image.
Toute autre se serait rendue à leurs discours,
1250 Mais si vous ne régnez, vous vous plaignez toujours.
Avec Britannicus contre moi réunie,

Vous le fortifiez du parti de Junie,
Et la main de Pallas trame tous ces complots.
Et lorsque malgré moi j'assure mon repos,
On vous voit de colère et de haine animée.
Vous voulez présenter mon rival à l'armée :
Déjà jusques au camp le bruit en a couru.

AGRIPPINE

Moi, le faire empereur ? Ingrat ! l'avez-vous cru ?
Quel serait mon dessein ? qu'aurais-je pu prétendre ?
1260 Quels honneurs dans sa cour, quel rang pourrais-je
[attendre ?
Ah ! si sous votre empire on ne m'épargne pas,
Si mes accusateurs observent tous mes pas,
Si de leur empereur ils poursuivent la mère,
Que ferais-je au milieu d'une cour étrangère ?
Ils me reprocheraient, non des cris impuissants,
Des desseins étouffés aussitôt que naissants,
Mais des crimes pour vous commis à votre vue,
Et dont je ne serais que trop tôt convaincue.
Vous ne me trompez point, je vois tous vos détours :
1270 Vous êtes un ingrat, vous le fûtes toujours.
Dès vos plus jeunes ans, mes soins et mes tendresses
N'ont arraché de vous que de feintes caresses.
Rien ne vous a pu vaincre, et votre dureté
Aurait dû dans son cours arrêter ma bonté.
Que je suis malheureuse ! Et par quelle infortune
Faut-il que tous mes soins me rendent importune ?
Je n'ai qu'un fils. Ô ciel, qui m'entends aujourd'hui,
T'ai-je fait quelques vœux qui ne fussent pour lui ?
Remords, crainte, périls, rien ne m'a retenue ;
1280 J'ai vaincu ses mépris ; j'ai détourné ma vue
Des malheurs qui dès lors me furent annoncés ;
J'ai fait ce que j'ai pu : vous régnez, c'est assez.
Avec ma liberté que vous m'avez ravie,
Si vous le souhaitez prenez encor ma vie,

Pourvu que par ma mort tout le peuple irrité
Ne vous ravisse pas ce qui m'a tant coûté.

NÉRON

Eh bien donc ! prononcez. Que voulez-vous qu'on
[fasse ?

AGRIPPINE

De mes accusateurs qu'on punisse l'audace ;
Que de Britannicus on calme le courroux ;
1290 Que Junie à son choix puisse prendre un époux ;
Qu'ils soient libres tous deux, et que Pallas demeure ;
Que vous me permettiez de vous voir à toute heure ;
Que ce même Burrhus, qui nous vient écouter[1],
À votre porte enfin n'ose plus m'arrêter.

NÉRON

Oui, Madame, je veux que ma reconnaissance
Désormais dans les cœurs grave votre puissance,
Et je bénis déjà cette heureuse froideur,
Qui de notre amitié va rallumer l'ardeur.
Quoi que Pallas ait fait, il suffit, je l'oublie,
1300 Avec Britannicus je me réconcilie,
Et quant à cet amour qui nous a séparés,
Je vous fais notre arbitre, et vous nous jugerez.
Allez donc, et portez cette joie à mon frère.
Gardes, qu'on obéisse aux ordres de ma mère.

## Scène 3

### NÉRON, BURRHUS

BURRHUS

Que cette paix, Seigneur, et ces embrassements
Vont offrir à mes yeux des spectacles charmants !
Vous savez si jamais ma voix lui fut contraire,

Si de son amitié j'ai voulu vous distraire,
Et si j'ai mérité cet injuste courroux.

NÉRON

1310 Je ne vous flatte point, je me plaignais de vous,
Burrhus : je vous ai crus tous deux d'intelligence,
Mais son inimitié vous rend ma confiance.
Elle se hâte trop, Burrhus, de triompher :
J'embrasse mon rival, mais c'est pour l'étouffer.

BURRHUS

Quoi, Seigneur ?

NÉRON

              C'en est trop : il faut que sa ruine
Me délivre à jamais des fureurs d'Agrippine.
Tant qu'il respirera je ne vis qu'à demi.
Elle m'a fatigué de ce nom ennemi ;
Et je ne prétends pas que sa coupable audace
1320 Une seconde fois lui promette ma place.

BURRHUS

Elle va donc bientôt pleurer Britannicus ?

NÉRON

Avant la fin du jour je ne le craindrai plus.

BURRHUS

Et qui de ce dessein vous inspire l'envie ?

NÉRON

Ma gloire, mon amour, ma sûreté, ma vie.

BURRHUS

Non, quoi que vous disiez, cet horrible dessein
Ne fut jamais, Seigneur, conçu dans votre sein.

NÉRON

Burrhus !

BURRHUS

           De votre bouche, ô ciel ! puis-je l'apprendre ?
Vous-même sans frémir avez-vous pu l'entendre ?

Songez-vous dans quel sang vous allez vous baigner ?
1330 Néron dans tous les cœurs est-il las de régner ?
Que dira-t-on de vous ? Quelle est votre pensée ?

NÉRON

Quoi ? toujours enchaîné de ma gloire passée,
J'aurai devant les yeux je ne sais quel amour
Que le hasard nous donne et nous ôte en un jour ?
Soumis à tous leurs vœux, à mes désirs contraire,
Suis-je leur empereur seulement pour leur plaire ?

BURRHUS

Et ne suffit-il pas, Seigneur, à vos souhaits
Que le bonheur public soit un de vos bienfaits ?
C'est à vous à choisir, vous êtes encor maître.
1340 Vertueux jusqu'ici, vous pouvez toujours l'être :
Le chemin est tracé, rien ne vous retient plus ;
Vous n'avez qu'à marcher de vertus en vertus.
Mais si de vos flatteurs vous suivez la maxime,
Il vous faudra, Seigneur, courir de crime en crime,
Soutenir vos rigueurs par d'autres cruautés,
Et laver dans le sang vos bras ensanglantés.
Britannicus mourant excitera le zèle
De ses amis, tout prêts à prendre sa querelle.
Ces vengeurs trouveront de nouveaux défenseurs,
1350 Qui, même après leur mort, auront des successeurs.
Vous allumez un feu qui ne pourra s'éteindre.
Craint de tout l'univers, il vous faudra tout craindre,
Toujours punir, toujours trembler dans vos projets,
Et pour vos ennemis compter tous vos sujets[1].
Ah ! de vos premiers ans l'heureuse expérience
Vous fait-elle, Seigneur, haïr votre innocence ?
Songez-vous au bonheur qui les a signalés ?
Dans quel repos, ô ciel ! les avez-vous coulés !
Quel plaisir de penser et de dire en vous-même :
1360 « Partout, en ce moment, on me bénit, on m'aime ;
« On ne voit point le peuple à mon nom s'alarmer ;

« Le ciel dans tous leurs pleurs ne m'entend point
                              [nommer ;
« Leur sombre inimitié ne fuit point mon visage ;
« Je vois voler partout les cœurs à mon passage ! »
Tels étaient vos plaisirs. Quel changement, ô dieux !
Le sang le plus abject vous était précieux.
Un jour[1], il m'en souvient, le sénat équitable
Vous pressait de souscrire à la mort d'un coupable ;
Vous résistiez, Seigneur, à leur sévérité ;
1370 Votre cœur s'accusait de trop de cruauté,
Et plaignant les malheurs attachés à l'empire :
« Je voudrais, disiez-vous, ne savoir pas écrire ».
Non, ou vous me croirez, ou bien de ce malheur
Ma mort m'épargnera la vue et la douleur :
On ne me verra point survivre à votre gloire ;
Si vous allez commettre une action si noire,

   *Il se jette à genoux.*

Me voilà prêt, Seigneur : avant que de partir,
Faites percer ce cœur qui n'y peut consentir ;
Appelez les cruels qui vous l'ont inspirée,
1380 Qu'ils viennent essayer leur main mal assurée...
Mais je vois que mes pleurs touchent mon empereur,
Je vois que sa vertu frémit de leur fureur.
Ne perdez point de temps, nommez-moi les perfides
Qui vous osent donner ces conseils parricides ;
Appelez votre frère, oubliez dans ses bras...

NÉRON

Ah ! que demandez-vous ?

BURRHUS

                            Non, il ne vous hait pas,
Seigneur ; on le trahit : je sais son innocence ;
Je vous réponds pour lui de son obéissance.
J'y cours. Je vais presser un entretien si doux.

NÉRON

1390 Dans mon appartement qu'il m'attende avec vous.

## *Scène 4*

### NÉRON, NARCISSE

NARCISSE

Seigneur, j'ai tout prévu pour une mort si juste.
Le poison est tout prêt. La fameuse Locuste
A redoublé pour moi ses soins officieux :
Elle a fait expirer un esclave à mes yeux ;
Et le fer est moins prompt pour trancher une vie
Que le nouveau poison que sa main me confie.

NÉRON

Narcisse, c'est assez ; je reconnais ce soin,
Et ne souhaite pas que vous alliez plus loin.

NARCISSE

Quoi ? pour Britannicus votre haine affaiblie
1400 Me défend...

NÉRON

        Oui, Narcisse : on nous réconcilie.

NARCISSE

Je me garderai bien de vous en détourner,
Seigneur. Mais il s'est vu tantôt emprisonner :
Cette offense en son cœur sera longtemps nouvelle.
Il n'est point de secrets que le temps ne révèle :
Il saura que ma main lui devait présenter
Un poison que votre ordre avait fait apprêter.
Les dieux de ce dessein puissent-ils le distraire !
Mais peut-être il fera ce que vous n'osez faire.

NÉRON

On répond de son cœur, et je vaincrai le mien.

NARCISSE

1410 Et l'hymen de Junie en est-il le lien ?
Seigneur, lui faites-vous encor ce sacrifice ?

NÉRON

    C'est prendre trop de soin. Quoi qu'il en soit, Narcisse,
    Je ne le compte plus parmi mes ennemis.

NARCISSE

    Agrippine, Seigneur, se l'était bien promis :
    Elle a repris sur vous son souverain empire.

NÉRON

    Quoi donc ? Qu'a-t-elle dit ? Et que voulez-vous dire ?

NARCISSE

    Elle s'en est vantée assez publiquement.

NÉRON

    De quoi ?

NARCISSE

           Qu'elle n'avait qu'à vous voir un moment,
    Qu'à tout ce grand éclat, à ce courroux funeste,
1420  On verrait succéder un silence modeste ;
    Que vous-même à la paix souscririez le premier,
    Heureux que sa bonté daignât tout oublier.

NÉRON

    Mais, Narcisse, dis-moi, que veux-tu que je fasse ?
    Je n'ai que trop de pente à punir son audace,
    Et si je m'en croyais, ce triomphe indiscret
    Serait bientôt suivi d'un éternel regret.
    Mais de tout l'univers quel sera le langage ?
    Sur les pas des tyrans veux-tu que je m'engage,
    Et que Rome, effaçant tant de titres d'honneur,
1430  Me laisse pour tous noms celui d'empoisonneur ?
    Ils mettront ma vengeance au rang des parricides.

NARCISSE

    Et prenez-vous, Seigneur, leurs caprices pour guides ?
    Avez-vous prétendu qu'ils se tairaient toujours ?
    Est-ce à vous de prêter l'oreille à leurs discours ?
    De vos propres désirs perdrez-vous la mémoire ?
    Et serez-vous le seul que vous n'oserez croire ?

Mais, Seigneur, les Romains ne vous sont pas connus.
Non, non, dans leurs discours ils sont plus retenus.
Tant de précaution affaiblit votre règne :
1440 Ils croiront, en effet, mériter qu'on les craigne.
Au joug, depuis longtemps, ils se sont façonnés :
Ils adorent la main qui les tient enchaînés.
Vous les verrez toujours ardents à vous complaire.
Leur prompte servitude a fatigué Tibère[1].
Moi-même, revêtu d'un pouvoir emprunté,
Que je reçus de Claude avec la liberté,
J'ai cent fois, dans le cours de ma gloire passée,
Tenté leur patience, et ne l'ai point lassée.
D'un empoisonnement vous craignez la noirceur ?
1450 Faites périr le frère, abandonnez la sœur ;
Rome, sur ses autels prodiguant les victimes,
Fussent-ils innocents, leur trouvera des crimes ;
Vous verrez mettre au rang des jours infortunés
Ceux où jadis la sœur et le frère sont nés.

NÉRON

Narcisse, encore un coup, je ne puis l'entreprendre.
J'ai promis à Burrhus, il a fallu me rendre.
Je ne veux point encore, en lui manquant de foi,
Donner à sa vertu des armes contre moi.
J'oppose à ses raisons un courage inutile :
1460 Je ne l'écoute point avec un cœur tranquille.

NARCISSE

Burrhus ne pense pas, Seigneur, tout ce qu'il dit :
Son adroite vertu ménage son crédit.
Ou plutôt ils n'ont tous qu'une même pensée :
Ils verraient par ce coup leur puissance abaissée ;
Vous seriez libre alors, Seigneur ; et devant vous,
Ces maîtres orgueilleux fléchiraient comme nous.
Quoi donc ? ignorez-vous tout ce qu'ils osent dire ?
« Néron, s'ils en sont crus, n'est point né pour l'empire ;
« Il ne dit, il ne fait que ce qu'on lui prescrit :

1470 « Burrhus conduit son cœur, Sénèque son esprit.
    « Pour toute ambition, pour vertu singulière,
    « Il excelle à conduire un char dans la carrière,
    « À disputer des prix indignes de ses mains,
    « À se donner lui-même en spectacle aux Romains,
    « À venir prodiguer sa voix sur un théâtre,
    « À réciter des chants qu'il veut qu'on idolâtre,
    « Tandis que des soldats, de moments en moments,
    « Vont arracher pour lui les applaudissements. »
    Ah ! ne voulez-vous pas les forcer à se taire ?

NÉRON

1480 Viens, Narcisse : allons voir ce que nous devons faire.

# Acte V

**BRITANNICUS**

Oui, Madame, Néron (qui l'aurait pu penser ?)
Dans son appartement m'attend pour m'embrasser.
Il y fait de sa cour inviter la jeunesse :
Il veut que d'un festin la pompe et l'allégresse
Confirment à leurs yeux la foi de nos serments,
Et réchauffent l'ardeur de nos embrassements.
Il éteint cet amour, source de tant de haine,
Il vous fait de mon sort arbitre souveraine.
Pour moi, quoique banni du rang de mes aïeux,
1490 Quoique de leur dépouille il se pare à mes yeux,
Depuis qu'à mon amour cessant d'être contraire
Il semble me céder la gloire de vous plaire,
Mon cœur, je l'avouerai, lui pardonne en secret,
Et lui laisse le reste avec moins de regret.
Quoi ! je ne serai plus séparé de vos charmes ?
Quoi ! même en ce moment, je puis voir sans alarmes
Ces yeux que n'ont émus ni soupirs ni terreur,
Qui m'ont sacrifié l'empire et l'empereur !
Ah ! Madame... Mais quoi ? Quelle nouvelle crainte
1500 Tient parmi mes transports votre joie en contrainte ?
D'où vient qu'en m'écoutant, vos yeux, vos tristes
                                                    [yeux,
Avec de longs regards se tournent vers les cieux ?

Qu'est-ce que vous craignez ?

JUNIE

        Je l'ignore moi-même ;
Mais je crains.

BRITANNICUS

     Vous m'aimez ?

JUNIE

        Hélas ! si je vous aime ?

BRITANNICUS

Néron ne trouble plus notre félicité.

JUNIE

Mais me répondez-vous de sa sincérité ?

BRITANNICUS

Quoi ? vous le soupçonnez d'une haine couverte ?

JUNIE

Néron m'aimait tantôt, il jurait votre perte ;
Il me fuit, il vous cherche : un si grand changement
1510 Peut-il être, Seigneur, l'ouvrage d'un moment ?

BRITANNICUS

Cet ouvrage, Madame, est un coup d'Agrippine :
Elle a cru que ma perte entraînait sa ruine.
Grâce aux préventions de son esprit jaloux,
Nos plus grands ennemis ont combattu pour nous.
Je m'en fie aux transports qu'elle m'a fait paraître ;
Je m'en fie à Burrhus ; j'en crois même son maître :
Je crois qu'à mon exemple impuissant à trahir,
Il hait à cœur ouvert, ou cesse de haïr.

JUNIE

Seigneur, ne jugez pas de son cœur par le vôtre :
1520 Sur des pas différents vous marchez l'un et l'autre.
Je ne connais Néron et la cour que d'un jour,
Mais, si j'ose le dire, hélas ! dans cette cour
Combien tout ce qu'on dit est loin de ce qu'on pense !

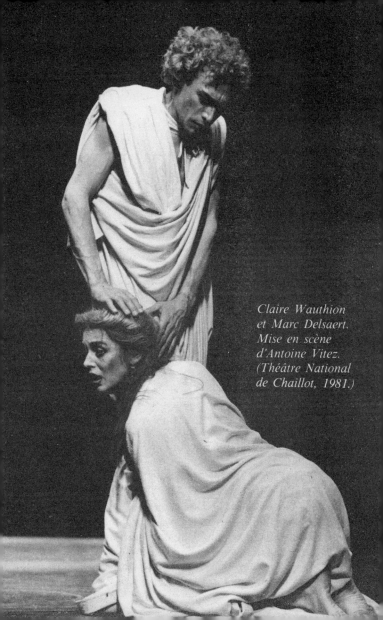

*Claire Wauthion
et Marc Delsaert.
Mise en scène
d'Antoine Vitez.
(Théâtre National
de Chaillot, 1981.)*

Que la bouche et le cœur sont peu d'intelligence !
Avec combien de joie on y trahit sa foi !
Quel séjour étranger et pour vous et pour moi !

BRITANNICUS

Mais que son amitié soit véritable ou feinte,
Si vous craignez Néron, lui-même est-il sans crainte ?
Non, non, il n'ira point, par un lâche attentat,
1530 Soulever contre lui le peuple et le sénat.
Que dis-je ? Il reconnaît sa dernière injustice.
Ses remords ont paru même aux yeux de Narcisse.
Ah ! s'il vous avait dit, ma Princesse, à quel point...

JUNIE

Mais Narcisse, Seigneur, ne vous trahit-il point ?

BRITANNICUS

Et pourquoi voulez-vous que mon cœur s'en défie ?

JUNIE

Et que sais-je ? Il y va, Seigneur, de votre vie.
Tout m'est suspect : je crains que tout ne soit séduit.
Je crains Néron, je crains le malheur qui me suit.
D'un noir pressentiment malgré moi prévenue,
1540 Je vous laisse à regret éloigner de ma vue.
Hélas ! si cette paix dont vous vous repaissez
Couvrait contre vos jours quelques pièges dressés !
Si Néron, irrité de notre intelligence,
Avait choisi la nuit pour cacher sa vengeance !
S'il préparait ses coups tandis que je vous vois !
Et si je vous parlais pour la dernière fois !
Ah ! Prince !

BRITANNICUS

         Vous pleurez ! Ah ! ma chère Princesse !
Et pour moi jusque-là votre cœur s'intéresse ?
Quoi, Madame ? en un jour où plein de sa grandeur
1550 Néron croit éblouir vos yeux de sa splendeur,
Dans des lieux où chacun me fuit et le révère,
Aux pompes de sa cour préférer ma misère ?

Quoi ? dans ce même jour et dans ces mêmes lieux,
Refuser un empire et pleurer à mes yeux ?
Mais, Madame, arrêtez ces précieuses larmes :
Mon retour va bientôt dissiper vos alarmes.
Je me rendrais suspect par un plus long séjour.
Adieu. Je vais, le cœur tout plein de mon amour,
Au milieu des transports d'une aveugle jeunesse,
1560 Ne voir, n'entretenir que ma belle princesse.
Adieu.

JUNIE
        Prince...

BRITANNICUS
              On m'attend, Madame, il faut partir.

JUNIE
Mais du moins attendez qu'on vous vienne avertir.


## Scène 2

### AGRIPPINE, BRITANNICUS, JUNIE


AGRIPPINE
Prince, que tardez-vous ? Partez en diligence :
Néron impatient se plaint de votre absence.
La joie, et le plaisir, de tous les conviés
Attend pour éclater que vous vous embrassiez.
Ne faites point languir une si juste envie ;
Allez. Et nous, Madame, allons chez Octavie.

BRITANNICUS
Allez, belle Junie, et d'un esprit content,
1570 Hâtez-vous d'embrasser ma sœur qui vous attend.
Dès que je le pourrai, je reviens sur vos traces,
Madame, et de vos soins j'irai vous rendre grâces.

## *Scène 3*

### AGRIPPINE, JUNIE

AGRIPPINE

Madame, ou je me trompe, ou durant vos adieux,
Quelques pleurs répandus ont obscurci vos yeux.
Puis-je savoir quel trouble a formé ce nuage ?
Doutez-vous d'une paix dont je fais mon ouvrage ?

JUNIE

Après tous les ennuis que ce jour m'a coûtés,
Ai-je pu rassurer mes esprits agités ?
Hélas ! à peine encor je conçois ce miracle.
1580 Quand même à vos bontés, je craindrais quelque
[obstacle,
Le changement, Madame, est commun à la cour,
Et toujours quelque crainte accompagne l'amour.

AGRIPPINE

Il suffit. J'ai parlé, tout a changé de face.
Mes soins à vos soupçons ne laissent point de place.
Je réponds d'une paix jurée entre mes mains,
Néron m'en a donné des gages trop certains.
Ah ! si vous aviez vu par combien de caresses
Il m'a renouvelé la foi de ses promesses !
Par quels embrassements il vient de m'arrêter !
1590 Ses bras, dans nos adieux, ne pouvaient me quitter.
Sa facile bonté, sur son front répandue,
Jusqu'aux moindres secrets est d'abord descendue :
Il s'épanchait en fils qui vient en liberté
Dans le sein de sa mère oublier sa fierté,
Mais bientôt, reprenant un visage sévère,
Tel que d'un empereur qui consulte sa mère,
Sa confidence auguste a mis entre mes mains
Des secrets d'où dépend le destin des humains.
Non, il le faut ici confesser à sa gloire,

1600 Son cœur n'enferme point une malice noire,
     Et nos seuls ennemis, altérant sa bonté,
     Abusaient contre nous de sa facilité.
     Mais enfin, à son tour, leur puissance décline ;
     Rome encore une fois va connaître Agrippine ;
     Déjà de ma faveur on adore le bruit.
     Cependant en ces lieux n'attendons pas la nuit :
     Passons chez Octavie, et donnons-lui le reste
     D'un jour autant heureux que je l'ai cru funeste.
     Mais qu'est-ce que j'entends ? Quel tumulte confus ?
1610 Que peut-on faire ?

JUNIE
                    Ô ciel ! sauvez Britannicus !

## Scène 4

### AGRIPPINE, JUNIE, BURRHUS

AGRIPPINE
     Burrhus, où courez-vous ? Arrêtez. Que veut dire...

BURRHUS
     Madame, c'en est fait, Britannicus expire.

JUNIE
     Ah ! mon Prince !

AGRIPPINE
                    Il expire ?

BURRHUS
                              Ou plutôt il est mort,
     Madame.

JUNIE
              Pardonnez, Madame, à ce transport.
     Je vais le secourir, si je puis, ou le suivre.

## *Scène 5*

### AGRIPPINE, BURRHUS

AGRIPPINE
Quel attentat, Burrhus !

BURRHUS
                              Je n'y pourrai survivre,
Madame : il faut quitter la cour et l'empereur.

AGRIPPINE
Quoi ? du sang de son frère il n'a point eu d'horreur ?

BURRHUS
Ce dessein s'est conduit avec plus de mystère.
1620 À peine l'empereur a vu venir son frère[1],
Il se lève, il l'embrasse, on se tait, et soudain
César prend le premier une coupe à la main :
« Pour achever ce jour sous de meilleurs auspices,
« Ma main de cette coupe épanche les prémices,
« Dit-il ; dieux, que j'appelle à cette effusion,
« Venez favoriser notre réunion. »
Par les mêmes serments Britannicus se lie.
La coupe dans ses mains par Narcisse est remplie,
Mais ses lèvres à peine en ont touché les bords...
1630 Le fer ne produit point de si puissants efforts,
Madame : la lumière à ses yeux est ravie,
Il tombe sur son lit sans chaleur et sans vie.
Jugez combien ce coup frappe tous les esprits :
La moitié s'épouvante et sort avec des cris,
Mais ceux qui de la cour ont un plus long usage
Sur les yeux de César composent leur visage.
Cependant sur son lit il demeure penché ;
D'aucun étonnement il ne paraît touché :
« Ce mal[2], dont vous craignez, dit-il, la violence
1640 « A souvent, sans péril, attaqué son enfance. »

Narcisse veut en vain affecter quelque ennui,
Et sa perfide joie éclate malgré lui.
Pour moi, dût l'empereur punir ma hardiesse,
D'une odieuse cour j'ai traversé la presse,
Et j'allais, accablé de cet assassinat,
Pleurer Britannicus, César et tout l'État.

AGRIPPINE
Le voici. Vous verrez si c'est moi qui l'inspire.

## *Scène 6*

### NÉRON, AGRIPPINE, BURRHUS, NARCISSE

NÉRON, *voyant Agrippine.*
Dieux !

AGRIPPINE
      Arrêtez, Néron : j'ai deux mots à vous dire.
Britannicus est mort, je reconnais les coups,
1650 Je connais l'assassin.

NÉRON
                Et qui, Madame ?

AGRIPPINE
                      Vous.

NÉRON
Moi ! Voilà les soupçons dont vous êtes capable.
Il n'est point de malheur dont je ne sois coupable,
Et si l'on veut, Madame, écouter vos discours,
Ma main de Claude même aura tranché les jours.
Son fils vous était cher ; sa mort peut vous confondre,
Mais des coups du destin je ne puis pas répondre.

AGRIPPINE

Non, non, Britannicus est mort empoisonné :
Narcisse a fait le coup, vous l'avez ordonné.

NÉRON

Madame !... Mais qui peut vous tenir ce langage ?

NARCISSE

1660 Hé ! Seigneur, ce soupçon vous fait-il tant d'outrage ?
Britannicus, Madame, eut des desseins secrets
Qui vous auraient coûté de plus justes regrets.
Il aspirait plus loin qu'à l'hymen de Junie ;
De vos propres bontés il vous aurait punie.
Il vous trompait vous-même, et son cœur offensé
Prétendait tôt ou tard rappeler le passé.
Soit donc que malgré vous le sort vous ait servie,
Soit qu'instruit des complots qui menaçaient sa vie,
Sur ma fidélité César s'en soit remis,
1670 Laissez les pleurs, Madame, à vos seuls ennemis ;
Qu'ils mettent ce malheur au rang des plus sinistres.
Mais vous...

AGRIPPINE

        Poursuis, Néron ; avec de tels ministres,
Par des faits glorieux tu te vas signaler[1].
Poursuis. Tu n'as pas fait ce pas pour reculer.
Ta main a commencé par le sang de ton frère ;
Je prévois que tes coups viendront jusqu'à ta mère.
Dans le fond de ton cœur, je sais que tu me hais ;
Tu voudras t'affranchir du joug de mes bienfaits.
Mais je veux que ma mort te soit même inutile ;
1680 Ne crois pas qu'en mourant je te laisse tranquille.
Rome, ce ciel, ce jour que tu reçus de moi.
Partout, à tout moment, m'offriront devant toi.
Tes remords te suivront comme autant de furies,
Tu croiras les calmer par d'autres barbaries :
Ta fureur, s'irritant soi-même dans son cours,
D'un sang toujours nouveau marquera tous tes jours.

Mais j'espère qu'enfin le ciel, las de tes crimes,
Ajoutera ta perte à tant d'autres victimes,
Qu'après t'être couvert de leur sang et du mien,
1690 Tu te verras forcé de répandre le tien,
Et ton nom paraîtra dans la race future,
Aux plus cruels tyrans une cruelle injure.
Voilà ce que mon cœur se présage de toi.
Adieu. Tu peux sortir.

NÉRON

Narcisse, suivez-moi.


## Scène 7

### AGRIPPINE, BURRHUS

AGRIPPINE

Ah ciel ! de mes soupçons quelle était l'injustice !
Je condamnais Burrhus pour écouter Narcisse.
Burrhus, avez-vous vu quels regards furieux
Néron en me quittant m'a laissés pour adieux ?
C'en est fait, le cruel n'a plus rien qui l'arrête :
1700 Le coup qu'on m'a prédit va tomber sur ma tête.
Il vous accablera vous-même à votre tour.

BURRHUS

Ah ! Madame, pour moi j'ai vécu trop d'un jour.
Plût au ciel que sa main, heureusement cruelle,
Eût fait sur moi l'essai de sa fureur nouvelle !
Qu'il ne m'eût pas donné, par ce triste attentat,
Un gage trop certain des malheurs de l'État !
Son crime seul n'est pas ce qui me désespère ;
Sa jalousie a pu l'armer contre son frère ;
Mais s'il vous faut, Madame, expliquer ma douleur :
1710 Néron l'a vu mourir sans changer de couleur.
Ses yeux indifférents ont déjà la constance

D'un tyran dans le crime endurci dès l'enfance.
Qu'il achève, Madame, et qu'il fasse périr
Un ministre importun qui ne le peut souffrir.
Hélas ! loin de vouloir éviter sa colère,
La plus soudaine mort me sera la plus chère.

## *Scène 8*

### AGRIPPINE, BURRHUS, ALBINE

ALBINE

Ah ! Madame ! ah ! Seigneur ! courez vers l'empereur,
Venez sauver César de sa propre fureur :
Il se voit pour jamais séparé de Junie.

AGRIPPINE

1720 Quoi ? Junie elle-même a terminé sa vie ?

ALBINE

Pour accabler César d'un éternel ennui,
Madame, sans mourir elle est morte pour lui.
Vous savez de ces lieux comme elle s'est ravie :
Elle a feint de passer chez la triste Octavie ;
Mais bientôt elle a pris des chemins écartés,
Où mes yeux ont suivi ses pas précipités.
Des portes du palais elle sort éperdue.
D'abord elle a d'Auguste aperçu la statue,
Et mouillant de ses pleurs le marbre de ses pieds,
1730 Que de ses bras pressants elle tenait liés :
« Prince, par ces genoux, dit-elle, que j'embrasse,
« Protège en ce moment le reste de ta race.
« Rome, dans ton palais, vient de voir immoler
« Le seul de tes neveux qui te pût ressembler.
« On veut après sa mort que je lui sois parjure ;
« Mais pour lui conserver une foi toujours pure,
« Prince, je me dévoue à ces dieux immortels

« Dont ta vertu t'a fait partager les autels[1]. »
Le peuple cependant, que ce spectacle étonne,
1740 Vole de toutes parts, se presse, l'environne,
S'attendrit à ses pleurs, et plaignant son ennui,
D'une commune voix la prend sous son appui.
Ils la mènent au temple, où depuis tant d'années
Au culte des autels nos vierges destinées
Gardent fidèlement le dépôt précieux
Du feu toujours ardent qui brûle pour nos dieux.
César les voit partir sans oser les distraire.
Narcisse, plus hardi, s'empresse pour lui plaire :
Il vole vers Junie, et sans s'épouvanter,
1750 D'une profane main commence à l'arrêter.
De mille coups mortels, son audace est punie ;
Son infidèle sang rejaillit sur Junie.
César, de tant d'objets en même temps frappé[2],
Le laisse entre les mains qui l'ont enveloppé.
Il rentre. Chacun fuit son silence farouche.
Le seul nom de Junie échappe de sa bouche.
Il marche sans dessein, ses yeux mal assurés
N'osent lever au ciel leurs regards égarés,
Et l'on craint, si la nuit jointe à la solitude
1760 Vient de son désespoir aigrir l'inquiétude,
Si vous l'abandonnez plus longtemps sans secours,
Que sa douleur bientôt n'attente sur ses jours.
Le temps presse : courez. Il ne faut qu'un caprice ;
Il se perdrait, Madame.

AGRIPPINE

                Il se ferait justice.
Mais, Burrhus, allons voir jusqu'où vont ses transports.
Voyons quel changement produiront ses remords,
S'il voudra désormais suivre d'autres maximes.

BURRHUS

Plût aux dieux que ce fût le dernier de ses crimes !

# Commentaires
## Notes
par
*Alain Viala*

# Commentaires

## Originalité de l'œuvre

### Britannicus *dans la carrière de Racine*

Lorsque Racine fait représenter *Britannicus,* en 1669, il se trouve dans une phase critique de sa carrière d'auteur dramatique. Deux ans plus tôt, dans l'hiver 1667-1668, il a obtenu un large succès avec *Andromaque.* Jouée pour la première fois dans l'appartement de la reine le 17 novembre 1667, cette tragédie a plu au roi et aux membres les plus en vue de la Cour, comme elle a plu ensuite au public parisien, au théâtre de l'Hôtel de Bourgogne. C'est qu'*Andromaque* est une pièce à l'esthétique avant tout mondaine : les relations entre les personnages s'y organisent selon un schéma hérité de la pastorale, genre apprécié par les nobles, la « chaîne » des amours non partagées. Elle fait aussi une large place aux méandres de la psychologie amoureuse et aux discours sentimentaux métaphoriques ; bref : à la « galanterie » alors en vogue. L'année suivante, Racine a donné *Les Plaideurs.* Cette comédie a eu d'abord peu de succès à l'Hôtel de Bourgogne, mais a été sauvée de l'échec par l'accueil favorable que lui firent ensuite le roi et la Cour à Versailles. Or dans la même année, divers textes hostiles à Racine ont vu le jour. Molière et sa troupe ont monté *La Folle Querelle* de Subligny, parodie critique d'*Andromaque.* Et Saint-Évremond a publié une *Dissertation sur le Grand Alexandre* qui blâme la seconde tragédie de Racine (*Alexandre le Grand,* 1665) et, plus généralement, la manière de celui-ci, en particulier sa tendance à user du style « galant », qualifiée d'abus. Voici donc Racine célébré par la Cour et les mondains, mais attaqué par les écrivains et les critiques.

Or le public littéraire se composait, à cette époque, de trois fractions principales : la Cour et l'aristocratie, le public citadin des honnêtes gens dominé par les nobles moyens et les bourgeois aisés, et enfin les « doctes », savants et critiques ou auteurs qui voulaient passer pour savants. Et chacun de ces publics était trop restreint pour assurer à lui seul un plein succès. Racine avait l'audience des courtisans. Il avait aussi celle des « honnêtes gens ». Mais les doctes lui étaient plutôt hostiles. Deux de ses concurrents dans la carrière dramatique entretenaient particulièrement les critiques contre lui : Molière, avec qui il s'était brouillé en 1665 à propos d'*Alexandre* et qui attaqua *Andromaque* comme on l'a vu, et Corneille. On dit, sans que cela soit bien prouvé, que Racine avait soumis son *Alexandre* à ce dernier, et qu'il s'était entendu conseiller de ne pas persévérer. Et la *Dissertation* de Saint-Évremond faisait entre les deux auteurs tragiques une comparaison tournant nettement à l'avantage de Corneille. À cela, il faut ajouter encore que Racine s'était définitivement brouillé en 1666 avec ses anciens maîtres de Port-Royal, en polémiquant contre Nicole à propos de la nocivité morale du théâtre ; et les auteurs du groupe janséniste étaient des savants estimés. Après le semi-échec des *Plaideurs* il se trouvait donc menacé de voir son audience se restreindre à la seule fraction la plus mondaine du public.

Et à cette date, sa situation sociale est des plus fragiles. Il n'a ni poste, ni rentes personnelles qui puissent le faire vivre. Certes, il figure sur la liste des gratifications annuelles que Louis XIV et Colbert donnaient à des auteurs, et pour la somme appréciable de 1 200 livres. Mais ces gratifications n'étaient pas fixes et un auteur qui cessait de plaire pouvait en perdre le profit, lequel d'ailleurs ne suffisait pas à le faire vivre. En fait, Racine n'a alors pour base de son statut social que son métier d'écrivain, et d'écrivain de théâtre, qui n'existe comme tel qu'à proportion de son succès. Il est jeune encore (trente ans) et sa carrière est récente (il a débuté en 1664 avec *La Thébaïde*). Il lui faut renforcer et confirmer sa position comme écrivain.

Un choix s'offre à lui : ou bien s'engager plus avant dans le registre « galant » mondain (comme faisait alors par exemple Quinault) ; ou bien, se tourner vers un registre plus soutenu, susceptible de lui conserver cependant l'audience des mondains mais d'entraîner aussi l'approbation des doctes, au moins d'une partie d'entre eux. Il opte, avec *Britannicus,* pour la seconde solution, plus difficile, mais voie d'un possible succès plus complet.

Et on peut dire, en effet, que les choix esthétiques qui se manifestent dans *Britannicus* constituent un véritable acte stratégique. Dans la seconde *Préface* qu'il rédigea en 1676, il en donne lui-même l'analyse, en termes clairs. Ce en quoi il a placé ses « espérances », écrit-il, c'est le « succès ». Il avoue que les débuts de la pièce furent difficiles, mais constate qu'ensuite elle a obtenu les applaudissements « de la cour et du public » (c'est-à-dire des « honnêtes gens ») mais aussi les « louanges » des « connaisseurs » (c'est-à-dire des doctes). Elle a donc réalisé une multiple alliance entre les diverses forces composant l'ensemble des destinataires potentiels d'une œuvre dramatique à l'époque. Une telle conquête du succès global correspond à une logique de stratégie dont Corneille avait donné, une génération plus tôt, la première définition. Celui-ci écrivait, dans la « Dédicace » de *La Suivante,* que l'auteur de théâtre doit avoir soin de plaire à la Cour et à la ville et, s'il se peut, de « ne pas déplaire aux savants », de façon à obtenir un « applaudissement universel ». Avec *Britannicus,* Racine se pose en rival de Corneille en reprenant la même stratégie.

Les infléchissements de sa carrière survenus au cours des années qui suivirent attestent son succès. En 1670, avec *Bérénice,* il devint un fournisseur attitré de la Cour pour des spectacles donnés à l'occasion de festivités très officielles (*Bérénice* fut créée dans le cadre des fêtes pour les fiançailles du duc de Nevers) ; et en 1672, il entre à l'Académie française. La faveur des mondains et l'estime des doctes se trouvaient ainsi l'une et l'autre confirmées.

Pour analyser *Britannicus,* et pour situer cette pièce

dans l'œuvre de Racine, dans la littérature de son temps, mais aussi par rapport à ses antécédents et à ses sources antiques, il faut garder présente à l'esprit cette situation stratégique qu'elle occupe, et voir comment les choix esthétiques correspondent ou non, dans le détail, à l'orientation d'ensemble que prend la carrière de Racine.

On constate alors que Racine s'est imposé en se posant en rival de Corneille. Ses pièces précédentes se rattachaient à l'univers de référence de la culture grecque : ici, il donne une tragédie romaine et « politique » autant qu'amoureuse ; or c'est le modèle de tragédie que Corneille avait développé et dont il était considéré comme le maître. De plus, au lieu d'un sujet mythologique, ou d'un canevas historique assez lâche comme pour *Alexandre,* Racine s'est fondé pour *Britannicus* sur un substrat historique solide et précis : de la sorte, il associe l'art de la vraisemblance et de la stylisation dramatique, qui caractérisent la tragédie à son époque, avec les ressources de la vérité historique.

### *La conformité aux modèles et l'invention*

*Britannicus* représente un dosage délicat entre la conformité à des modèles et l'invention originale. Les modèles sont d'une part le schéma formel de la tragédie, modèle moderne : Racine se conforme aux cadres tenus pour nécessaires à son époque et illustrés notamment par Corneille. D'autre part, le modèle historique, modèle antique : les faits qu'il met en scène sont tirés de l'histoire romaine, essentiellement des *Annales* de Tacite (voir « Le travail de l'écrivain »). Mais à partir et à l'intérieur de cette conformité aux modèles, il donne un texte où les traits d'originalité abondent.

La première originalité réside dans le *sujet* même. Si l'histoire des premiers empereurs de Rome avait déjà fourni la matière de nombreuses tragédies, la mort de Britannicus n'avait pas encore été traitée ainsi. Ce faisant, Racine se trouve en situation de ne pas avoir à imiter ou à se distinguer d'une œuvre dramatique antérieure similaire. Il fait valoir la nouveauté de son inspiration. On peut comparer une telle situation et celle de pièces comme *La Thébaïde* ou, plus tard, *Phèdre,* qui ont eu des devanciers nombreux et célèbres : quand il reprend des sujets déjà traités, Racine doit combiner le respect de ses prédécesseurs et l'effort d'innovation ; ici, il élabore lui-même la trame de son intrigue.

Une seconde originalité réside dans la logique de l'*intériorisation* des conflits représentés. À la différence de la plupart des tragédies de l'époque, de Corneille notamment, mais aussi des pièces antérieures de Racine, l'intrigue amoureuse qui se combine au conflit politique n'existe pas avant celui-ci. Dans *Britannicus,* l'histoire passionnelle centrale est l'éveil de l'amour de Néron pour Junie ; or ce sentiment naît au moment de la crise représentée, et naît *de* la crise politique : c'est pour des raisons politiques que Néron fait saisir Junie et la fait conduire dans son palais, et il en devient amoureux seulement à cet instant. L'événement passionnel surgit comme une perturbation inattendue, compliquant le conflit politique et le faisant passer du plan des manœuvres de forces sociales antagoniques à celui des mouvements affectifs et des désirs et pulsions. La crise politique devient crise psychologique par la « surprise » que subissent les personnages (voir les vers 397 et 887). De la sorte, les éléments « galants » (l'intrigue amoureuse) sont centraux, puisque l'issue de l'action dépend de ces relations affectives ; mais ils sont indissolublement liés aux éléments proprement politiques : *Britannicus* est la tragédie du bouleversement subit de la personnalité d'un gouvernant, et donc de sa façon de gouverner, par la découverte de la passion.

D'autres innovations réalisent l'accomplissement de ces deux originalités principales. Racine « invente » le personnage de Junie et son amour réciproque pour Britannicus. Sur un plan plus technique, il innove aussi en utilisant dans la tragédie le procédé du « témoin caché » (acte II, scène 6, où Néron assiste en secret à l'entrevue de Junie avec Britannicus), qui est un procédé plutôt utilisé dans la comédie (dans *Le Tartuffe* par exemple). Enfin, et cette originalité n'est pas la moindre, il a choisi de représenter Néron non pas dans la période des folies sanguinaires qui ont fait sa réputation historique, mais dans l'instant, encore indécis, où apparaissent les premiers signes de ces troubles. Il élabore ainsi un personnage moins stéréotypé que celui des récits historiques courants.

Original par rapport à lui-même, par rapport à Corneille, par rapport à l'Histoire, par rapport aux habitudes théâtrales du temps, Racine respecte pourtant les principes de chacun de ses modèles. L'innovation s'accomplit en poussant très loin les ressources et les contraintes des cadres en place : intégration maximale de l'intrigue politique et de l'intrigue amoureuse, utilisation de références précises pour construire un sujet inédit, application stricte du principe classique selon lequel le héros ne doit être ni entièrement bon ni entièrement méchant... L'innovation se réalise dans la logique même des schémas imposés par la conformité.

## Thèmes et personnages

### Analyse de l'action

Le conflit que *Britannicus* donne à voir s'inscrit dans la durée d'une série d'affrontements autour du pouvoir suprême à Rome : la journée tragique n'est que la crise décisive (voir « Dramaturgie »). L'action proprement dite de la pièce s'éclaire donc par ses liens avec un enchaînement de faits, formant la « fable » ici mise en œuvre, qui peut se résumer en quelques indications principales (pour la chronologie, voir les tableaux en fin de volume).

Sous le règne de l'empereur Claude, personnage maladif et de peu de volonté, Agrippine a réussi à devenir l'épouse du souverain, et à faire adopter son fils Domitius, qui prend alors le nom de Néron et devient, à la mort de Claude, son successeur. Britannicus, fils de Claude, est ainsi écarté du pouvoir. Il se résigne mal, mais trouve une consolation dans l'amour de Junie.

Néron règne deux ans de façon sage, sous la férule de ses deux maîtres et ministres, Burrhus et Sénèque. Agrippine, d'abord associée de près à son pouvoir, en est peu à peu éloignée, sur les conseils de ces deux fidèles de Néron. Mais ce dernier, en secret, a aussi pour confident Narcisse, qui le pousse vers la tyrannie, et qui joue le rôle d'espion auprès de Britannicus. Comme Junie est une descendante de la lignée impériale, Néron la fait saisir et enfermer dans son palais, de nuit. S'ouvre alors la crise tragique, l'action présentée par la pièce.

L'acte I montre les diverses réactions au coup de force de Néron, et tout d'abord celle d'Agrippine : elle attend, au point du jour, le réveil de Néron pour protester (I, 1), et se confie à sa suivante Albine. Survient Burrhus, à qui elle reproche d'éloigner d'elle son fils (I, 2), puis Britannicus, à qui elle promet son soutien pour faire libérer Junie (I, 3). Ce dernier hésite à la croire mais envisage de se révolter contre Néron : il demande conseil à Narcisse, dont il ignore le double jeu (I, 4).

Quelques heures plus tard, Néron, continuant à agir pour renforcer son pouvoir, décide de bannir Pallas, allié et conseiller d'Agrippine (II, 1). Il reçoit le rapport de Narcisse, et lui confie qu'il s'est épris de Junie (II, 2) : le conflit avec Britannicus devient donc double, politique et amoureux. Il rencontre Junie, qui souhaitait l'éviter, lui fait sa déclaration d'amour et l'oblige à avoir avec Britannicus un entretien qu'il épiera, et où il la somme de rompre avec celui-ci, sous peine de le voir mourir (II, 3). Narcisse annonce la venue de Britannicus (II, 4 et 5). Junie se montre distante, malgré elle, envers son soupirant (II, 6) et tente de lui faire comprendre que Néron les épie ; en vain. Elle refuse de parler ensuite à Néron (II, 7), qui exprime sa rage jalouse devant Narcisse (II, 8).

L'acte III débute avec le retour de Burrhus, qui était allé transmettre l'ordre d'exil de Pallas, et qui déconseille à Néron de suivre son inclination amoureuse (III, 1) ; rabroué, il découvre la violence emportée de Néron

(III, 2). Il conseille à Agrippine, qui cherche à voir son fils, de modérer sa colère, pour éviter un conflit insoluble (III, 3). Celle-ci ne se contient pas, et envisage, devant sa confidente, de pousser en effet jusqu'à la révolte, par jalousie de se voir négligée (III, 4). Survient Britannicus, à qui elle confirme ses propositions d'alliance (III, 5). Tandis qu'elle part pour rencontrer Néron, Britannicus demande à Narcisse de lui ménager une entrevue avec Junie (III, 6). Or celle-ci vient à sa rencontre, et les deux amants s'éclaircissent de leur précédent tête-à-tête (III, 7). Narcisse, cependant, est allé prévenir Néron, qui les surprend et fait arrêter Britannicus (III, 8). Persuadé qu'Agrippine a organisé l'entrevue, il ordonne aussi son arrestation (III, 9).

Quelques heures plus tard, Burrhus annonce à Agrippine qu'elle va pouvoir s'expliquer avec Néron (IV, 1). Leur longue conversation lui permet d'exposer tout ce qu'elle a fait pour le conduire jusqu'au trône, et elle obtient qu'il se réconcilie avec Britannicus ; c'est du moins ce qu'il annonce (IV, 2). Mais à la scène suivante, il avoue à Burrhus que ce n'est qu'une feinte ; Burrhus se jette à ses genoux pour l'implorer de ne pas se lancer dans une telle manœuvre, de ne pas faire périr Britannicus par traîtrise : Néron cède (IV, 3). Mais Narcisse, à son tour, argumente en faveur de la mort de Britannicus et de l'exercice d'un pouvoir sans limites : Néron reste indécis (IV, 4).

L'acte V s'ouvre sur une réconciliation apparente : Britannicus et Junie sont libres de se voir, avant un festin où Néron doit annoncer publiquement la réconciliation ; Junie reste inquiète pourtant (V, 1). Agrippine presse Britannicus de rejoindre la salle du festin (V, 2) et affirme à Junie qu'elle a repris son autorité, et que la réconciliation ne fait pas de doute (V, 3). Surgit alors Burrhus, venant de la salle du festin, et qui annonce que Britannicus est mort empoisonné ; Junie se précipite vers son amant (V, 4), tandis que Burrhus fait le récit de l'assassinat (V, 5). Narcisse et Néron rentrent à ce moment, et Agrippine maudit son fils (V, 6), qui s'éloigne aussitôt. Mais alors que Burrhus et Agrippine se désolent (V, 7), Albine vient relater comment Junie s'est enfuie chez les vestales. Narcisse, qui voulait la retenir, a été tué par le peuple, et Néron, désespéré de perdre celle qu'il aime, est au bord de la folie (V, 8).

L'intrigue est donc organisée autour de la rivalité politique et amoureuse entre Néron et Britannicus. L'enjeu de la rivalité est la possession de Junie, l'enjeu de l'intrigue la vie de Britannicus. L'action avance vers l'assassinat, ou s'immobilise, selon les hésitations de Néron et la résistance plus ou moins grande d'Agrippine et de Burrhus à ses actes. Il y a bien unité d'intrigue et progrès gradué dans l'enchaînement des événements (voir « Dramaturgie »).

### Les réseaux thématiques

Face à la clarté et à la solidité de la trame que constitue cette action simple et progressive, les réseaux thématiques qui s'y agencent sont, eux, très complexes.

Le sujet, par lui-même, suscite une référence générale à Rome, à la grandeur de son empire et aux luttes internes qui le déchiraient. Le thème de la *grandeur romaine* constitue une toile de fond. Les allusions historiques permettent de lier les excès des personnages à la puissance quasi illimitée de cet empire. Elles indiquent aussi, par touches discrètes, des causes lointaines de sa décadence à venir : instabilité des règles politiques, absence de mesure du pouvoir impérial.

Le cadre de la tragédie est *politique* : le champ lexical du pouvoir, celui de la cour, celui de l'armée sont assez importants pour que le public ne sous-estime jamais cet aspect de la pièce. Un motif est particulièrement développé en ce domaine, qui est un sujet de réflexion souvent repris au XVIIe siècle : celui des mauvais conseillers et des flatteurs. Narcisse est un flatteur cynique et intéressé (vers 760 : « Et pour nous rendre heureux, perdons les misérables »). Agrippine exerce une influence néfaste en dépit, ou plutôt à cause de son intelligence et de son habileté politique, par son exemple même : elle est une autre figure des mauvais conseillers du prince. Mais Burrhus, quels que soient sa probité et son dévouement à l'État, n'échappe pas à cette problématique : il est sinon un mauvais conseiller, en tout cas un conseiller qui commet des fautes ; non par manque de vertu, mais par manque de capacité, de talent, de clairvoyance. De fait, Néron se trouve entouré de conseillers néfastes ou maladroits, en tout cas démuni de guides judicieux.

Cependant, les thèmes essentiels sont plus directement affectifs.

Le plus central, parce qu'il fonde la progression même de l'intrigue, est celui de la *mauvaise foi*. Son point culminant se situe aux actes IV et V lorsque Néron promet la réconciliation puis trahit la parole donnée. Ce thème de la mauvaise foi rassemble plusieurs motifs complémentaires. En particulier :

— le mensonge, que Narcisse pratique systématiquement et que Burrhus rejette comme le pire des défauts (vers 141) ; Néron en devient un spécialiste (V, 3, vers 1587-1600), et Agrippine avant lui en a donné l'exemple (IV, 2) ;

— l'hypocrisie, la trahison et le double jeu (Narcisse) ;

— les arguments fallacieux. Agrippine prétend n'avoir agi que pour amener Néron à l'Empire (IV, 2) alors qu'elle a en réalité recherché le pouvoir pour elle-même, comme elle l'avoue clairement dès la scène initiale (I, 1, vers 88-114) ;

— les pièges. Le célèbre « J'embrasse mon rival, mais c'est pour l'étouffer » représente un machiavélisme — on lisait beaucoup Machiavel au XVIIe siècle — élémentaire ;

— le poison. Par sa nature, le poison est un moyen de tuer dissimulé, mensonger ;

— enfin, la « mauvaise foi » au sens que Sartre donnait à ce terme : se convaincre que l'on agit avec de bonnes raisons alors qu'elles sont fausses. Cette forme de mensonge à soi-même, plus ou moins inconscient, caractérise tout le comportement de Néron et affecte celui de Burrhus qui persiste à l'excuser.

Le thème de la mauvaise foi est lié à l'exercice du

double langage. Cette *duplicité* a son spécialiste en la personne de Narcisse ; Néron en devient un maître, comme Agrippine ; mais elle atteint aussi, par contagion, même les plus « purs », telle Junie obligée de parler contre son sentiment (II, 6). Ainsi, la mauvaise foi constitue l'élément connecteur entre la thématique politique (manœuvres et trahison) et la thématique affective et amoureuse (déclarations d'amour perverties). Le mot et le motif connecteurs sont, plus précisément, ceux de la *foi*, la parole donnée, qui n'est pas respectée. La mauvaise foi est un réseau de sens tout à fait essentiel dans *Britannicus :* l'action progresse au rythme des progrès de Néron dans la mauvaise foi. La duplicité est une problématique majeure pour l'analyse interne de la pièce et pour comprendre ses significations en son temps, et de nos jours : la pièce offre une très large gamme des façons de signifier à la fois une chose et son contraire.

La source de la mauvaise foi est présentée, dans *Britannicus,* comme appartenant à l'ordre des pulsions et des passions. Ce thème est donc en relation étroite avec les deux champs affectifs principaux : l'amour et le désir. La thématique affective, dans son ensemble, s'exprime davantage en termes de sensations qu'en termes de sentiments. À cet égard, le thème du *regard* offre le champ lexical et métaphorique de loin le plus vaste pour exprimer toutes les relations amoureuses. Il fait la synthèse de nombreux motifs ; en particulier :

— le « coup de foudre » provoqué par la vision : dans le récit que Néron fait à Narcisse de sa découverte de Junie et de la naissance de sa passion, les mots se rapportant à la vue tracent comme des festons thématiques (voir II, 2, vers 386-408) ;

— les yeux « miroirs de l'âme » : Néron désirant Junie est réduit à ses yeux qui « sans se fermer, ont attendu le jour » (vers 406) ; ou encore : le pouvoir d'Agrippine sur son fils passe par l'autorité qu'exprime son regard (vers 496 : « Éloigné de ses yeux, j'ordonne, je menace » ; voir aussi vers 500-502) ;

— le langage des yeux : ainsi à propos de l'entrevue

entre Junie et Britannicus, Néron prévient, en une formule paradoxale devenue célèbre et qui est logique dans
le langage métaphorique « galant » : « J'entendrai des
regards que vous croirez muets » (vers 682) ; ensuite,
c'est Britannicus qui déplore : « Quoi ! même vos
regards ont appris à se taire ? » (vers 736). De même
encore, Burrhus fonde son analyse finale de la malignité
de Néron sur l'effet d'un regard :

> Ses yeux indifférents ont déjà la constance
> D'un tyran dans le crime endurci dès l'enfance
>
> (vers 1711-1712).

Cette thématique du regard n'est pas seulement due à
l'influence de la mode « galante », dominante à la fin
des années 1660. Elle est aussi le moyen et la source de
nombreux effets poétiques, par le langage métaphorique
et détourné qu'elle suscite. De plus, elle correspond à
une problématique *de l'être et du paraître,* sensible dans
la littérature de l'époque (dans *La Princesse de Clèves*
par exemple) et liée à celle de la duplicité. Les manifes-
tations de ce jeu de l'être et du paraître sont nombreuses. Les plus manifestes sont l'évocation du rôle tenu
par Agrippine dans les conseils politiques de l'empire
auxquels elle assistait cachée, à la fois « invisible et présente » (vers 95), la façon dont Néron se dissimule pour
épier son rival (II, 6), et enfin l'analyse que fait Junie du
monde de la cour à la scène 1 de l'acte V : le contraste
est alors affirmé, Junie étant l'« être » incapable de mensonge, tandis que la cour est le monde du seul paraître.
Cette thématique rejoint donc celle de la mauvaise
foi.

Elle atteint, de plus, à des représentations fantasmati-
ques, qui peuvent justifier des interprétations d'ordre
psychanalytique. La passion de Néron se fixe moins sur
la Junie réelle que sur l'*image* qu'il se fait de celle-ci
(vers 407) ; et dans cette image, la plus exquise partie
pour lui réside dans les yeux baignés de larmes : fantasme, image et thème du regard sont ainsi indissociables.
Face à Agrippine, Néron subit le pouvoir d'un regard
que, comme un jeune enfant, il croit capable de tout
voir, y compris ses pensées les plus secrètes. En décou-

vrant le fantasme amoureux, il découvre aussi l'art de mentir. Si bien que l'approfondissement de la thématique du regard, depuis l'image réellement vue jusqu'à la vision fantasmatique, fonde une progression thématique et psychologique, en parallèle et en conjonction avec la progression dramatique.

L'extraordinaire imbrication des différents thèmes fait que l'on ne peut, dans *Britannicus,* séparer le motif de l'amour passion et celui de l'amour filial. Agrippine parle des amours de son fils dans le même langage qu'emploierait une amante jalouse : « C'est à moi qu'on donne une rivale » (vers 880). Cet attachement excessif entre la mère et le fils établit un lien entre le thème amoureux et un autre thème essentiel à la tragédie : celui *des relations familiales et de l'hérédité.*

La cruauté de Néron, sa férocité viennent, selon Agrippine, des « fiers Domitius » (vers 36) et tiennent à une « humeur » (une disposition naturelle, voir lexique). Elles sont donc un héritage. L'hérédité devient le moyen d'une fatalité. Il n'y a pas d'intervention des dieux dans *Britannicus,* donc pas de fatalité émanant d'un destin tout-puissant. On peut seulement en trouver un écho, affaibli, dans les allusions que fait Agrippine aux prédictions d'astrologues lui annonçant que Néron la tuerait. En revanche, les références historiques fournissent les maillons d'une chaîne de crimes qui pèsent sur la lignée impériale.

Si l'hérédité est lourde de conflits et d'assassinats, les relations familiales ne sont pas plus exemptes de violences. En particulier, on retrouve dans *Britannicus* un thème important tout au long de l'œuvre de Racine, celui des *frères ennemis,* rivaux pour obtenir l'héritage du trône autant que pour posséder la femme désirée. Ce thème, qui court depuis *La Thébaïde* jusqu'à *Bajazet, Mithridate* et *Phèdre,* est ici crucial, quoique sous une forme dérivée : l'adoption de Néron par Claude en a fait, en pratique, le « frère » de Britannicus (vers 1070), et tout les rend rivaux.

Autre aspect des relations familiales marqué par la violence : l'affrontement entre enfants et parents. Dans cette tragédie, il oppose le fils et la mère, alors qu'ailleurs *(Iphigénie, Phèdre)* il oppose le fils et le père. Il se conjugue avec le conflit entre frères pour créer une situation où ces relations ne peuvent déboucher que sur une ou des morts. En cela, Racine reprend encore un des préceptes d'Aristote, selon lequel les sujets tragiques par excellence sont ceux qui mettent aux prises les membres d'une même famille.

Cet inventaire, non exhaustif d'ailleurs, des réseaux thématiques, montre que leur richesse est exceptionnelle et indique que les implications et significations psychologiques de la pièce sont à rechercher dans les champs affectifs ainsi dessinés et combinés entre eux, autant que dans les caractères des personnages.

### Les personnages et les forces agissantes

Si les dieux sont absents de *Britannicus,* il y existe néanmoins une force supérieure aux individus : Rome, son empire, son armée. Cette force est redoutable : elle peut désigner ou abattre les empereurs. Mais elle n'est pas autonome : elle se laisse manœuvrer par les actions individuelles. Le long récit des stratagèmes d'Agrippine (IV, 2) en donne une abondante série d'exemples. Le pouvoir et l'empire sont donc des actants de la tragédie, mais comme *objet* désiré par les personnages, enjeu de conflits entre Agrippine, Néron, Burrhus et, accessoirement, Britannicus.

La force agissante la plus puissante est ici celle du *désir* : désir amoureux ou désir de puissance. Celle-ci a une expansion telle qu'elle mobilise les personnages et peut donc occuper la fonction de *destinateur.* Elle est le ressort de la *démesure,* qui est le propre des personnages tragiques selon la doctrine aristotélicienne. Elle s'applique essentiellement aux deux protagonistes, Néron et Agrippine.

Ceux-ci se trouvent au centre du réseau des forces agissantes et des relations entre personnages. Il faut bien voir que *Britannicus* est autant et plus la tragédie de l'affrontement entre la mère et le fils, et de la chute d'Agrippine, comme Racine le souligne dans sa préface, que celle de la mort de Britannicus. Ce dernier, bien qu'il soit le héros éponyme, occupe une place moindre, tant pour le volume de texte qui lui est consacré que pour les fonctions actancielles, que celle dévolue à Néron ou même à Agrippine.

L'ensemble de la pièce peut donc se lire, du point de vue des rapports de forces, comme le passage d'une situation où Agrippine est en position de destinateur (elle a le pouvoir) à une autre où Néron a conquis cette position et s'est assuré un pouvoir autonome et absolu.

Comme on l'a vu, tous ces personnages ont un substrat historique. Pour autant, on ne peut les envisager comme des «personnes» réelles. L'Histoire n'a fourni que le canevas des faits et la base du dessin des caractères. Et, malgré l'insistance de Racine dans ses préfaces pour attester ses sources, les personnages restent bien des «êtres de papier» : la référence à la Rome impériale imposait des contraintes, rendait plus forte l'exigence de vraisemblance, mais le modelé des êtres que la pièce montre reste affaire d'écriture. Les préfaces donnent cependant des indications précieuses à leur propos : elles indiquent les choix fondamentaux que l'auteur a opérés pour en construire les images, et l'on peut fonder sur ses assertions l'analyse de chaque personnage.

**Néron** est ici un «monstre naissant». Conformément à la doctrine d'Aristote là encore, il est présenté comme ni entièrement mauvais (il règne depuis deux ans de façon vertueuse), ni entièrement bon : sa vertu tient à la sévérité de ceux qui le dirigent, mais son hérédité donne beaucoup à craindre et le fait qu'il a pris Narcisse comme confident plus encore ; bref : il a déjà des vices, mais ils restent jusque-là cachés. Et sa caractéristique principale est bien la *dissimulation*. La «naissance» du monstre correspond en fait au passage à l'âge adulte d'un fils infantilisé par sa mère. Il récuse l'autorité d'Agrippine, il est au moment de son *émancipation*. Celle-ci est étroitement liée à la découverte de la passion amoureuse, mais — et c'est ce qui en fait la complexité — il est impossible de dire si l'amour provoque le désir de s'émanciper, ou s'il sert seulement de révélateur à une tendance latente, encore refoulée, mais déjà forte. Reste que Néron, encore très jeune (moins de vingt ans), est montré comme emporté et instable : ses décisions sont brutales (voir la façon dont il ordonne l'arrestation de Britannicus et d'Agrippine), mais il reste très influençable (voir l'acte IV en entier). De plus, il est capable d'un sadisme certain : voir tout l'acte II, et notamment le vers 402 et la scène 6. Il présente aussi des signes de comportement obsessionnel (voir II, 2) et de tendances dépressives (voir son abattement lorsque Junie s'enfuit). Il constitue ainsi une incarnation d'une problématique souvent débattue au XVIIᵉ siècle : le pouvoir n'est en de bonnes mains que si son détenteur a une âme noble ; et plus le pouvoir est absolu, plus « absolue » doit être la noblesse d'âme pour résister à l'effet corrupteur de la toute-puissance. *Britannicus* est ainsi fondée sur la révélation de la vraie nature de Néron : sa « monstruosité » procède à la fois de sa généalogie, telle qu'Agrippine la détaille (I, 1), et du fait qu'il n'est pas « à sa place » sur le trône (IV, 2).

**Agrippine** présente avec son fils une différence capitale : lui vient d'une lignée paternelle assez quelconque, alors qu'elle est héritière de liens étroits avec la lignée impériale (voir tableau généalogique). Elle a d'indéniables talents politiques, et en a fait la preuve. Cependant, la pièce la montre comme une femme aigrie, acariâtre, et une mère abusive. En effet, elle abuse du lien filial : elle est une mère « castratrice » qui refuse à son enfant toute autonomie et l'accable de reproches quand il tente de s'émanciper (IV, 2). Comme l'indique Racine dans la préface de 1676, *Britannicus* montre le processus de la déchéance d'Agrippine, donne à voir comment les manœuvres répréhensibles qu'elle a accumulées et les relations malsaines qu'elle entretient avec son fils se retournent contre elle. L'excès dans le désir de puissance conduit à la chute : Agrippine incarne cette logique, elle

qui, plus encore que Néron, est un personnage de démesure.

On a parfois voulu voir dans ce couple de la mère
dépossédée du pouvoir et du fils qui s'émancipe une
image des relations entre Louis XIV et Anne d'Autriche
au début des années 1660. Une interprétation fondée sur
la pure et simple transposition dans la pièce de faits
historiques du temps ne tient pas : d'abord parce qu'en
1669 Louis XIV s'est « émancipé » depuis longtemps de
la tutelle de la reine mère ; ensuite et surtout parce que
cette interprétation ferait de Néron une image du roi, et
qu'en ce cas, l'image aurait été irrecevable par celui-ci et
sa cour. Reste que la problématique de l'autonomie du
fils avait pu être perçue comme une question politique
importante quelques années plus tôt, et qu'elle consti-
tuait un sujet de réflexion important pour l'époque.

Reste aussi que le couple de la mère et du fils montré
ici est, selon une expression de L. Goldmann, un couple
de « fauves ». Ils suscitent « l'horreur », qui est un des
ressorts de la catharsis. Et ils sont entourés d'autres
fauves.

**Narcisse** incarne le mauvais conseiller. Sa fonction
d'agent secret, espionnant Britannicus, son maître légitime, au profit de Néron, en fait une incarnation de la
duplicité. Mais ce personnage, très « typé » dans le rôle
du traître, est assez peu complexe.

**Burrhus** l'est davantage. Il incarne la vertu et la loyau-
té. Le paragraphe que Racine lui consacre dans la *Préface* de 1676 mérite d'être lu de près : il y est question
de « vertu » et de « sévérité des mœurs », mais point
d'habileté politique ou de pénétration et de subtilité.
Burrhus fait contraste avec Narcisse, Agrippine et
Néron, mais ne fait pas contrepoids : il montre la faiblesse objective des justes qui manquent de perspicacité.
Et lorsqu'il se jette aux genoux de Néron (IV, 3), il
donne l'image de la vertu s'humiliant en vain devant le
vice : à la violence et à la dissimulation, il ne sait opposer ni assez de force, ni assez de perspicacité et de prudence. Il a trop longtemps tenu à justifier les actes de

Néron, s'est fait son *adjuvant* outre mesure, et quand celui-ci lui échappe, il devient un *opposant,* mais naïf, leurré, inefficace.

Face aux « fauves », Britannicus et Junie apparaissent comme des proies désignées : leur jeunesse, leur inexpérience, leur isolement les mettent en position de faiblesse.

**Britannicus** est un tout jeune homme : il a dix-sept ans selon Racine (première *Préface*) et encore celui-ci l'a-t-il vieilli par rapport aux données historiques. Le lecteur moderne risque parfois de perdre de vue cette caractéristique première : Britannicus est à peine au sortir de l'adolescence, plus jeune que Néron, mais surtout plus naïf. Il manifeste de la noblesse d'âme, proportionnée à ses origines, lorsqu'il rappelle à Néron (III, 8) leurs antécédents respectifs, par exemple. Mais il est seul, sans appui, et sans conseiller à part Narcisse qui le trahit. Il se trouve en situation de faiblesse, mais il montre également une certaine faiblesse de caractère. Ainsi, dans l'amour qu'il inspire à Junie entre une part de pitié (vers 655-658) ; et dans l'amour qu'il éprouve pour elle, une part d'égoïsme naïf : en apprenant son enlèvement, il se plaint autant qu'il s'inquiète des tourments qu'elle endure (vers 703-706). Au total, il incarne les faiblesses d'un juste qui ignore les « lois de la jungle » courtisane et politique, et qui, quand il les découvre, ne dispose pas des moyens nécessaires pour les appliquer à son avantage. Il prétend occuper une fonction de *sujet* rival de Néron, tant dans la conquête de Junie que dans celle de l'empire : mais il manque pour cela de force et de prudence. Il ne sait pas ruser, dissimuler ses sentiments, et se confie à Narcisse sans soupçonner son double jeu.

**Junie,** enfin, est hors du monde des « fauves ». Il est significatif qu'elle se tienne, jusqu'à l'ouverture de la crise, loin de la cour, et se réfugie à la fin chez les vestales : elle ne passe au palais qu'« un jour », et celui-ci est rempli de tragédies, depuis l'enlèvement jusqu'à l'assassinat. Personnage de pureté, elle est capable de perspicacité, ce dont témoignent ses pressentiments (voir V, 1). Elle est soumise aux agressions des personnages pervers, et à leur contagion qui la contraint parfois au mensonge (II, 6) : elle est l'*objet* que l'on se dispute et ne dispose par elle-même d'aucune force autonome. Elle symbolise à la fois l'empire (puisqu'elle descend de la lignée d'Auguste) et l'amour : elle constitue un personnage connecteur. Et, confinée dans son rôle de victime pure — son entrée chez les vestales en fait un emblème de pureté — elle éveille le pathétique, et la pitié nécessaire à la catharsis.


## Dramaturgie

### Un exemple de classicisme

Selon le principe antique énoncé dans la *Poétique* d'Aristote et que tous les auteurs de l'âge classique reprennent, l'esthétique de la tragédie s'ordonne autour de l'effet de *catharsis* : la fiction montrée sur scène doit susciter chez le spectateur des émotions et des passions, des sentiments d'horreur ou de compassion, qu'il éprouve ainsi violemment, par projection ou identification au spectacle, de telle sorte qu'il les ressente moins fortement ensuite dans la vie réelle, qu'il en soit comme « purgé ». Or l'histoire montrée dans *Britannicus* n'est qu'en partie fictive, on l'a vu. Et il faut rappeler que dans l'enseignement de cette époque, le récit des faits et gestes des personnages historiques avait une double fonction éducative : il donnait non seulement la connaissance du passé, mais aussi une édification morale. Si bien que l'abondance des références historiques, la familiarité que pouvait éprouver le public cultivé face aux protagonistes et événements de la pièce, loin d'entraver l'effet de catharsis, concouraient à rendre celui-ci plus efficace en renforçant l'illusion que la fiction représentée était « vraie ».

Cependant, un tel effet esthétique ne peut se produire

que si les formes dramatiques le suscitent : il ne réside pas tant dans la chose montrée que dans la manière de la montrer. Racine a organisé sa tragédie d'une manière conforme aux règles explicites et implicites alors en vigueur, et avec un dépouillement qui contribue à faire progresser la tension dramatique en alternant les temps forts et les « paliers », qui concourt à mobiliser les ressources émotives du public.

*Britannicus* respecte sans peine l'unité de lieu : l'action se déroule tout entière dans le palais impérial, dans une antichambre des appartements de Néron, où il est logique que celui-ci reçoive ses visiteurs, où il est logique aussi que se rencontrent des personnages qui veulent avoir un entretien avec lui ou sortent de chez lui.

De même pour l'unité de temps : l'action représentée commence au point du jour pour s'achever au soir. Au début, Néron est encore endormi, pense-t-on (voir le vers 1) et, en fait, a passé toute la nuit sans trouver le sommeil (voir le vers 406). L'intrigue se développe sur l'ensemble de la journée et se termine avant la tombée de la nuit, avec le festin évoqué à l'acte V. La règle imposait, chez les théoriciens du temps, que l'ensemble de la tragédie n'excédât pas vingt-quatre heures. Racine l'applique dans sa plus grande rigueur en se limitant à douze heures, en tout cas à un laps de temps délimité par le lever et le coucher du soleil.

Enfin, l'unité d'action est évidente.

Un autre des principes fondamentaux de la dramaturgie classique était celui de la *vraisemblance* : les sources historiques de *Britannicus* fournissent une garantie de vérité, et le « vrai » vient étayer le vraisemblable. Ainsi l'empoisonnement de Britannicus est un fait vrai ; les circonstances qui y conduisent, dans la pièce, sont fictives, mais plausibles. De même, l'Histoire n'indique pas en détail les mobiles de Néron pour cet assassinat : en inventant la rivalité amoureuse entre les deux jeunes gens, rivalité qui se superpose à la rivalité politique et la rend irréductible, Racine « complète » l'Histoire en fournissant une cause logique et plausible, à défaut d'être authentique. Et il le fait en présentant Néron sous un jour conforme à ce que l'on sait de lui : le conformisme renforce la vraisemblance. Il le fait, aussi, en mettant en jeu une passion que son époque considérait comme plus incontrôlable et redoutable que la passion du pouvoir : le désir amoureux. Cela contribue encore à soutenir l'effet de vraisemblance.

Pour autant, il ne montre rien sur scène qui puisse choquer le public : l'empoisonnement de Britannicus et le massacre de Narcisse sont seulement racontés. La pièce est donc conforme à un autre principe essentiel de l'esthétique classique : la *bienséance*. Et à cet égard, Racine est plus rigoriste dans *Britannicus* que dans certaines de ses autres tragédies où l'on voit des personnages mourir sur scène, comme Créon dans *La Thébaïde* ou Mithridate ou Phèdre, ou s'y trouver saisis de folie, comme Oreste dans *Andromaque*.

### La progression dramatique

Le respect des règles de la dramaturgie classique et l'accomplissement de la catharsis sont donc intégrés à une tension tragique fondée sur la façon dont sont éveillées l'émotion et l'inquiétude du spectateur, et dont elles sont peu à peu entretenues et renforcées.

À cet égard aussi, Racine applique de façon stricte les leçons qu'il pouvait tirer d'Aristote, des théoriciens modernes comme Scaliger et d'Aubignac, et de l'exemple donné par certaines pièces de Corneille.

La structure est particulièrement claire : elle s'ordonne en autant de grandes séquences qu'il y a d'actes. Chacun de ceux-ci, en effet, correspond à une étape dans la montée des tensions.

— L'acte I remplit son rôle d'exposition : le public y apprend la situation de départ de l'intrigue, et entend le résumé des faits antérieurs. Il y voit aussi avec précision la position respective des différents protagonistes, à travers les récriminations d'Agrippine (I, 1) et son affrontement avec Burrhus (I, 2). Mais Néron reste absent : Racine utilise la technique de l'« entrée retardée » du protagoniste, qui concourt à créer une attente chez le spectateur.

— L'acte II, après cette ouverture à dominante politique, est davantage centré sur les relations amoureuses et sur les confrontations entre les trois personnages qu'elles mettent en cause : Néron, d'abord seul (II, 2) puis face à face avec Junie (II, 3), enfin Junie et Britannicus, épiés par Néron (II, 6). Cet acte apporte une révélation : l'amour de Néron. Et celle-ci vaut comme une complication de la situation initiale. Les rapports de forces politiques deviennent des conflits amoureux. C'est donc le moment où l'action « se noue », et le nœud de l'action se situe ainsi exactement à la phase exigée par les théoriciens, et de plus, dans ce cas précis, il correspond à l'intériorisation des conflits. On passe en effet du plan politique, donc analysable en termes objectifs, au plan des pulsions, donc à des éléments essentiellement subjectifs.

— L'acte III marque un degré de tension supplémentaire. Jusque-là, Néron a fait pression sur Junie pour qu'elle rompe avec Britannicus ; désormais, il passe à la violence, en faisant arrêter Britannicus (III, 8). Plus même : il fait aussi arrêter Agrippine (III, 9). Il faut ici tenir le plus grand compte des événements qui se déroulent hors scène. Junie et Britannicus n'ont pu se rencontrer, cette fois, que grâce à la diversion provoquée par l'entretien qu'Agrippine impose à Néron et que le public ne voit pas. Agrippine avait annoncé son intention de rencontrer à tout prix son fils (vers 919-921). Or Néron interprète cette intervention (vers 1087-1089) comme une manœuvre (un « ressort odieux ») non pas d'ordre politique (ce qui était le souci d'Agrippine), mais destinée à favoriser l'amour de Britannicus à son détriment. Le décalage entre le plan politique et le plan passionnel est essentiel : la violence des pulsions prend le dessus sur tout raisonnement chez Néron. Les arrestations qu'il ordonne marquent un premier point culminant de l'action.

— L'acte IV est un temps d'incertitudes et de délibération, qui constitue comme une « pause » dans l'en-

chaînement des événements. Trois scènes de débat se
succèdent, où Néron affronte tour à tour Agrippine (IV,
2), Burrhus (IV, 3) puis Narcisse (IV, 4). À chaque fois,
le dialogue se termine en laissant planer un doute.
Néron semble céder à Agrippine (vers 1300-1304) mais
révèle ensuite à Burrhus qu'il ne le fait que pour tendre
un piège (vers 1314) :

> J'embrasse mon rival mais c'est pour l'étouffer.

Ensuite, il semble céder aux objurgations de son ministre, mais ne s'engage pas formellement, en tout cas
laisse sentir ses réticences (vers 1390). De même, avec
Narcisse, il ne dit rien qui éclaire le spectateur sur la
décision qui sera enfin la sienne (vers 1480). La tension
dramatique réside donc ici dans l'incertitude. Et l'en-
tracte IV-V est essentiel : là se noue la décision dont la
teneur ne sera connue que par ses effets, et trop tard
pour qu'un recours soit possible.

— L'acte V débute par une détente apparente (scènes 1 et 2). Mais les pressentiments de Junie minent de
l'intérieur ce temps d'apaisement. La nouvelle de l'empoisonnement, puis la fuite de Junie, la mort de Narcisse et la crise de folie de Néron se succèdent très rapi-
dement ensuite. Le dénouement apparaît comme une
péripétie (au sens strict : retournement de situation)
puisque l'acte IV et l'acte V à son début avaient laissé
espérer un retour à la paix.

Bien sûr, le public savait et sait que Néron a fait
mourir Britannicus, mais la conduite de l'action montre
que cet acte n'est pas le fruit du hasard ou d'une longue
lutte. Il résulte d'une conjonction de faits qui correspond
à une *crise* : la brièveté du temps nécessaire à l'action
nous rend perceptible cet état de crise, caractéristique de
la tragédie classique. Mais ces quelques heures où tout
se joue sont remplies de références aux événements qui
ont conduit à la situation représentée (voir « Analyse de
l'action »). D'autre part, le texte s'achève par des paroles
qui valent, on l'a vu, comme une prophétie et indiquent
que cette situation funeste n'est que le début d'une crise
plus longue et plus générale. Ainsi, la tragédie apparaît

comme un condensé de tout un pan de l'Histoire.

La facture classique de cette pièce se laisse donc clairement voir dans la correspondance entre la composition manifeste (le découpage en actes) et la structure temporelle et séquentielle. Au total, *Britannicus* a bien une « action simple » et « s'avançant par degrés vers sa fin », comme le revendique Racine dans sa première *Préface* : son efficacité repose moins sur le caractère exceptionnel de l'événement relaté que sur la progression calculée du récit mimétique.

## Le travail de l'écrivain

On ne sait combien de temps a demandé l'élaboration de *Britannicus*. « Voici celle de mes tragédies que je puis dire que j'ai le plus travaillée », écrit Racine dans sa *Préface* de 1676. De fait, le dosage entre conformisme et innovations ne pouvait qu'exiger une rédaction très surveillée. À défaut de renseignements biographiques, on dispose de nombreuses traces de ce travail, dans le texte même, dans ses variantes, mais aussi dans ses préfaces.

Racine disposait de sources historiques abondantes. Un de ses critiques, Boursault, lui a reproché d'avoir puisé à pleines mains « dans Florus et dans Coëffeteau ». C'est-à-dire dans des ouvrages de vulgarisation : Coëffeteau avait traduit, au début du siècle précédent, l'*Abrégé de l'histoire romaine* de Florus et publié aussi une *Histoire romaine*. L'affirmation de Boursault revient donc à dire que Racine aurait seulement mis en vers et en dialogues un récit historique bien connu, dans sa version la plus banalisée, sans faire preuve ni d'originalité, ni de rigueur dans l'information. Dans ses préfaces, Racine souligne au contraire la richesse, la précision et la qualité de ses sources, en particulier ses emprunts à Tacite qu'il donne comme un des « modèles qui (l') avaient extrêmement soutenu dans la peinture [...] de la cour d'Agrippine et de Néron » (seconde *Préface*). De fait, aussi bien dans le texte que dans les préfaces on trouve un grand nombre de références explicites ou allusives aux *Annales* de Tacite, parfois sous forme de phrases traduites presque mot pour mot et de citations latines (se reporter aux notes pour le détail de ces références). Cette utilisation de Tacite est complétée par le recours à plusieurs autres sources, Sénèque et Suétone notamment. Il peut ainsi affirmer que sa tragédie a pour fondement la vérité historique, tirée de témoignages de première main, et non pas des « abrégés ». Il montre de la sorte une rigueur documentaire capable de satisfaire les « savants ».

Mais il n'a pas toujours respecté à la lettre ses informations. En particulier (voir la première *Préface*), il modifie l'âge auquel moururent Britannicus et Narcisse. Plus même : le personnage de Junie, dont le modèle historique est sujet à controverses (là encore, voir première *Préface*), est inventé. Racine a tenu à le présenter comme une extrapolation à partir d'une « Junia Calvina » dont ont parlé Sénèque et Tacite ; mais il est clair que son héroïne n'en hérite que le nom, et aucun trait de mœurs ou de caractère, et que son amour pour Britannicus n'est qu'un trait de fiction.

En revanche, il respecte l'esprit de ses sources, à défaut de la lettre. Et c'est en ce sens qu'il peut affirmer la vérité historique de son œuvre. Dans ses préfaces, il se préoccupe surtout de ses personnages. Une des raisons de cette insistance réside dans la façon dont il a élaboré les « caractères », c'est-à-dire les traits de comportement : à chaque fois, il fonde sur une indication précise fournie par ses sources historiques ou, au moins, sur des qualificatifs trouvés chez les historiens l'orientation qu'il choisit de donner à la représentation de ses héros. Cela lui permet, et c'est la seconde raison de son insistance, de répliquer aux critiques qui lui reprochaient de ne pas avoir bien rendu les mœurs de la Rome antique.

Au total, le texte de *Britannicus* présente une densité très élevée de références historiques. D'une part le sujet lui-même (l'assassinat de Britannicus par Néron), ses circonstances (l'empoisonnement) et tous les personnages principaux, à la réserve (partielle) de Junie, sont authentiques. Et, d'autre part, la pièce est remplie d'allusions de détail qui valent comme autant d'indices que le public cultivé de l'époque pouvait saisir et interpréter, imprégné qu'il était d'histoire ancienne. Ainsi, par exemple, Agrippine évoque deux fois (aux vers 893 et 1280-1281) une prédiction selon laquelle elle devait être assassinée par Néron : les deux fois, l'allusion reste indirecte, mais elle est claire pour un lecteur ou un auditeur familier de l'histoire de ce temps. De même, lorsque Néron fait allusion à l'épilepsie dont souffrait Britannicus pour faire croire, au moment de l'empoisonnement, que le mal dont il donne des signes est bénin : ce détail n'est clair que pour qui a lu Tacite. Ce jeu d'indices et d'allusions est poussé très loin. Les amateurs éclairés pouvaient ainsi relever de nombreuses mentions renvoyant aux crimes que Néron multiplia : le dernier vers prononcé par Burrhus est, par exemple, une sorte de prophétie incluse dans la tragédie. Mais il y a plus : les noms des personnages historiques cités, tous soigneusement choisis, forment une longue liste de victimes futures de l'empereur (par exemple Sénèque, Pison), ou de personnages dont le destin sera funeste (par exemple Othon) : l'Index des noms propres de *Britannicus* apparaît comme un inventaire des prédécesseurs de Néron, de ses victimes et de ses successeurs malheureux.

Soigneux dans le choix des détails historiques, Racine a soigné tout autant l'ensemble de la rédaction. *Britannicus* est une œuvre particulièrement travaillée du point de vue stylistique et formel, et l'affirmation inaugurale de la seconde *Préface* trouve là une pleine justification. En témoigne la subtilité de la rédaction des dialogues, où l'alexandrin s'assouplit jusqu'à imiter les ruptures de construction dont la langue orale abonde : on en trouvera un exemple type au vers 269 (voir aussi la note correspondante). Ou encore, seul moment où s'instaure un dialogue d'amour partagé et qui se résume dans son expression la plus simple et la plus essentielle ; le vers 1504 de la scène 1, acte V :

BRITANNICUS
  Vous m'aimez ?
JUNIE
  Hélas ! Si je vous aime ?
  (Pour davantage d'exemples, se reporter aux « Vers clefs ».)

Les *variantes,* relativement nombreuses entre les
diverses éditions publiées du vivant de Racine, alors que
généralement il en effectuait très peu, attestent aussi le
soin qu'il a apporté à la rédaction et à la révision de son
texte. Les critiques attaquèrent, dans la version initiale,
une scène de l'acte V (scène 6 à ce moment) où Junie
réapparaissait un instant. Dans sa première *Préface,*
Racine consacre tout un paragraphe à la justifier. Mais
en 1676, il la supprima, pour ne pas s'exposer au moindre reproche de manquer de vraisemblance. Les variantes des préfaces peuvent se lire selon la même optique.
  Enfin, Racine a intégré à cette pièce des passages qui
valent comme des « morceaux de bravoure ». *Britannicus* comporte la tirade la plus longue, à ma connaissance, du théâtre de ces années-là : celle d'Agrippine rela-
tant ses manœuvres politiques (acte IV, scène 2) qui
compte 107 vers. On imagine quel exercice délicat, pour
l'auteur puis pour ses interprètes, constitue un discours
aussi long, d'autant plus que les deux personnages en
présence, Agrippine et Néron, sont alors assis, donc peu
mobiles sur scène. Cette tirade comporte en outre un
nombre extraordinaire de références et d'allusions historiques. Autre morceau de bravoure, d'une autre sorte, la
scène 6 de l'acte II, avec sa triple énonciation : Britannicus parle à Junie (premier degré d'énonciation) mais
est entendu par Néron (énonciation 2) et l'ensemble est
perçu par le public (énonciation 3). La structure de cette
scène est même en partie plus complexe, puisque Junie
parle avec Britannicus, donc participe de la première
énonciation, mais, en sachant que Néron l'écoute et en
ayant soin de ne rien dire qui puisse lui déplaire, elle
participe aussi de la deuxième énonciation. La virtuosité
de Racine se manifeste également dans des configura-
tions peu usuelles : les premiers discours « galants » de

la pièce vont de Néron à Junie, et sont donc d'une galanterie pervertie ; les conversations entre Junie et Britannicus aux scènes 6 de l'acte II et 7 de l'acte III, se déroulent en situation de contrainte et ne peuvent se déployer en duos amoureux alors que, selon les liens entre ces deux personnages, elles devraient consister en échanges galants ; enfin, la conversation galante proprement dite a lieu à l'acte V, mais c'est un moment de détente illusoire où Junie incarne le pressentiment et l'angoisse, et le duo amoureux s'y trouve ainsi réduit à sa plus simple expression comme on l'a vu.

### La poésie dans Britannicus

Un sujet tel que *Britannicus* se prête peu aux évocations poétiques : pas d'exotisme géographique ou thématique, comme dans les tragédies à sujet mythologique, pas davantage d'effusions lyriques (pas de monologues, sauf quelques vers de Burrhus). De plus, l'absence de dialogues amoureux heureux prive la pièce des ressources et ornements qu'offrent le langage et les comportements galants dans leur pleine expansion. Aussi *Britannicus* se présente sous des traits assez austères. Mais il ne faut pas se borner à une définition étroite de la poésie, et d'autres registres sont mis en valeur dans *Britannicus*.

— *L'évocation historique épique* y est assez largement développée, notamment au début de l'acte I (scènes 1 et 2), dans l'acte IV et dans les récits qui concluent l'acte V. À travers les propos des personnages, toute une description de la cour impériale, des mœurs politiques de Rome et d'événements exceptionnels s'élabore. C'est en ce sens qu'on peut parler d'un registre épique.

Mais ces évocations sont toujours teintées par les intérêts particuliers des personnages. Si bien que les images de la grandeur de Rome et de ses héros (Auguste, Germanicus, Corbulon : voir l'Index), mais aussi des germes de sa décadence et de ses vices (voir en particulier IV, 2) offrent une sorte de vision kaléidoscopique, où les vues se succèdent en formant des contrastes. Pour le public de son époque, familier de ses références, le texte propose une représentation de cet univers faite, en quelque sorte, « du dedans », en détaillant les méandres et les intrigues du palais impérial et de la cour. Un effet poétique naît alors de l'usage abondant des *allusions*.

— *La galanterie pervertie* forme un second registre poétique majeur. En particulier, le thème du regard, usuel dans la poésie amoureuse, fournit une foule d'*images*. Elles sont parfois connotées positivement : ainsi les regards échangés entre Junie et Britannicus ; mais le plus souvent, la connotation est négative, en particulier dans l'usage qu'en fait Néron. Si bien que *Britannicus* recèle toute une imagerie érotique, et que celle-ci s'offre fréquemment dans une configuration perverse, qui est une sollicitation pour l'imaginaire du public.

— Mais la pièce étant fondée sur la *mauvaise foi* et la *duplicité,* progressant par une plongée dans des mensonges sans cesse plus nombreux et plus graves, le travail du style porte aussi sur le *double langage* et le *sous-entendu.* À cet égard, il faut se souvenir que l'alexandrin était, dans les conventions dramatiques de l'époque, le moyen de situer dans le registre « soutenu » des propos qui relèveraient, en langage ordinaire, de l'expression en prose. Des formulations banales, prosaïques, sont ainsi dotées d'une valeur supplémentaire par les sous-entendus dont elles sont chargées. Ainsi, par exemple, lorsque Junie dit à Britannicus (II, 6, vers 713) :

Ces murs mêmes, Seigneur, peuvent avoir des yeux,

ce ne serait que reprise d'un cliché éculé, ou expression vainement compliquée, si le spectateur ne savait pas que Néron épie les deux amants, ce qui donne une portée extrême à cette allusion ; et comme, de plus, Britannicus ne peut la comprendre pleinement, la formule se trouve investie d'une polysémie très dense. Autre exemple : lorsque Néron annonce à Narcisse « Oui, Narcisse, on nous réconcilie » (IV, 4) le « on » laisse entendre qu'il ne s'engage pas dans cette réconciliation selon sa propre volonté, et présage son revirement prochain.

Allusions, sous-entendus, images aux sens multiples : l'écriture de *Britannicus* se caractérise par sa densité, et sa poésie est moins un but en soi, un ornement, qu'une exploration des ressources et pouvoirs du langage, et du double langage.

## L'œuvre et son public

Lors de sa première représentation au théâtre de l'Hôtel de Bourgogne, le vendredi 13 décembre 1669, *Britannicus* n'eut pas de succès. La date était bien située, par rapport aux habitudes de l'époque en matière d'organisation de l'année théâtrale. Mais il se trouve que ce jour-là, en place de Grève — près de l'Hôtel de Ville — on exécutait un noble, et cet événement avait attiré une partie du public habituel du théâtre. Dans la salle de représentation, les écrivains concurrents de Racine, au lieu de se grouper dans un même endroit comme ils faisaient d'habitude, avaient pu se disperser et multiplier ainsi les effets de leurs murmures de désapprobation. Corneille assistait à cette première, dans une loge, seul et hostile. Ces détails sont connus par le récit qu'a donné Boursault de cette création dans la nouvelle *Artémise et Poliante,* publiée en 1670. Le 21 décembre, le journaliste Loret faisait mention de *Britannicus* dans sa *Lettre en vers* périodique. Reflétant l'opinion alors la plus répandue, il estimait que la pièce comportait beaucoup de « vers d'un style magnifique », reconnaissant de la sorte les mérites du travail soigné consacré par Racine à sa composition ; mais il atteste aussi que le succès n'était pas grand. De fait, après sept représentations, on cessa de jouer *Britannicus.* Cela équivalait à un échec : une pièce, à l'époque, n'avait un succès honorable que si elle atteignait quinze ou vingt représentations.

Il faut considérer que Racine subissait là les attaques de ses rivaux, en particulier de Corneille et des amis de celui-ci. Saint-Évremond, dans une *Lettre* critique d'avril 1670 déclare, après avoir lu la pièce — exilé en Angleterre, il ne pouvait l'avoir vue — que le sujet en est trop « horrible » et choquant, et blâme les libertés prises avec l'Histoire. Il ne faisait que confirmer, semble-t-il, des attaques lancées par Corneille lui-même, et auxquelles Racine riposta dans sa *Préface,* lorsqu'il publia la pièce en janvier 1670. La concurrence entre l'auteur tragique vieillissant et le jeune Racine devient ainsi l'objet d'une polémique centrale dans la vie littéraire du moment. On peut être frappé à cet égard par plusieurs similitudes. D'une part, Corneille reprend contre Racine des critiques que lui-même avait dû subir quelques années plus tôt de la part de l'abbé d'Aubignac, à l'occasion de sa tragédie *Œdipe* en particulier. D'autre part, Saint-Évremond souligne à plusieurs reprises, dans ses textes critiques de ces années-là, que seul Corneille est capable, selon lui, de bien restituer dans ses tragédies l'ambiance et les comportements de l'Antiquité. Enfin, il existe des ressemblances entre *Britannicus* et les grandes tragédies romaines de Corneille, comme *Horace* ou *Cinna* (voir, par exemple, la note du vers 1354) : elles sont l'indice des causes profondes de l'hostilité des « cornéliens », car elles montrent comment se manifestent, dans le texte des œuvres, les effets de la concurrence entre les deux écrivains.

Et dans de telles polémiques, il y a inéluctablement une part de mauvaise foi. En particulier, Racine a pu montrer sans peine dans ses *Préfaces* qu'il respectait l'histoire romaine autant ou mieux que n'avait souvent fait Corneille. En revanche, il faut bien constater que dans *Britannicus* les questions de psychologie et de représentations amoureuses prennent le pas sur les débats proprement politiques, alors que dans le modèle de la tragédie cornélienne, elles sont plutôt au second plan : la mode était à la galanterie à ce moment, et d'ailleurs Corneille lui-même, pour n'être pas laissé dans l'oubli, y fit de larges concessions dans ses pièces des années 1660.

Au total, *Britannicus* se trouvait donc, en dépit des critiques, assez bien en accord avec les tendances dominantes du goût. Aussi le succès vint, après l'échec initial. Si le mois de décembre 1669 avait été noir pour Racine, janvier 1670 fut plus heureux. L'édition de la pièce eut un certain retentissement et, surtout, la tragédie fut jouée devant le roi. Celui-ci applaudit. Bien entendu, la Cour le suivit. Et à son tour, le public des honnêtes gens l'imita. Une nouvelle polémique contre Corneille et ses admirateurs eut lieu en 1670 avec la création de *Bérénice* : Corneille fit jouer une pièce concurrente, *Tite et Bérénice*. Mais le succès, cette fois, fut du côté de Racine. Peu à peu celui-ci l'emportait sans retour, dans cette rivalité entre dramaturges. On voit donc comment, en jouant des divisions entre les trois composantes du public, il conquit les mondains pour vaincre les réticences des « doctes » et imposer enfin *Britannicus* comme la pièce des « connaisseurs », selon le terme qu'il emploie dans sa seconde *Préface*. La comparaison de la préface de 1670 avec celle de 1676 est instructive : en 1676, sûr de sa gloire, Racine prend un ton modéré, gomme les attaques visant personnellement Corneille, et renforce les références historiques de manière à satisfaire définitivement les « savants ». Sa stratégie avait abouti.

De nos jours, *Britannicus* reste l'une des pièces de Racine les plus lues et les plus jouées. Elle figure couramment dans les programmes scolaires et universitaires. Si l'on en juge par le nombre des représentations depuis 1945, elle vient au second rang, derrière *Andromaque*, dans les succès de Racine aujourd'hui. Certaines de ses mises en scène ont eu un retentissement particulier, comme celle qu'a donnée J.-P. Miquel à la Comédie-Française en 1978.

## Vers clefs

Tout ce que j'ai prédit n'est que trop assuré :
Contre Britannicus Néron s'est déclaré.
L'impatient Néron cesse de se contraindre ;
Las de se faire aimer, il veut se faire craindre.
Britannicus le gêne, Albine, et chaque jour
Je sens que je deviens importune à mon tour.

AGRIPPINE, vers 9-14.

Rome, depuis deux ans, par ses soins gouvernée,
Au temps de ses consuls croit être retournée :
Il la gouverne en père. Enfin, Néron naissant
A toutes les vertus d'Auguste vieillissant.

ALBINE, vers 27-30.

Il commence, il est vrai, par où finit Auguste ;
Mais crains que l'avenir détruisant le passé,
Il ne finisse ainsi qu'Auguste a commencé.
Il se déguise en vain : je lis sur son visage
Des fiers Domitius l'humeur triste et sauvage ;
Il mêle avec l'orgueil qu'il a pris dans leur sang
La fierté des Néron qu'il puisa dans mon flanc.
AGRIPPINE, vers 32-38.

Ce n'est plus votre fils, c'est le maître du monde.
J'en dois compte, Madame, à l'empire romain,
Qui croit voir son salut ou sa perte en ma main.
BURRHUS, vers 180-182.

NÉRON
Narcisse, c'en est fait, Néron est amoureux.
NARCISSE
Vous ?
NÉRON
          Depuis un moment, mais pour toute ma vie,
J'aime, que dis-je aimer ? j'idolâtre Junie !
Vers 382-384.

Triste, levant au ciel ses yeux mouillés de larmes,
Qui brillaient au travers des flambeaux et des armes,
Belle, sans ornements, dans le simple appareil
D'une beauté qu'on vient d'arracher au sommeil.
NÉRON, vers 387-390.

[...] Ravi d'une si belle vue,
J'ai voulu lui parler, et ma voix s'est perdue :
Immobile, saisi d'un long étonnement,
Je l'ai laissé passer dans son appartement.
J'ai passé dans le mien. C'est là que, solitaire,
De son image en vain j'ai voulu me distraire.
Trop présente à mes yeux je croyais lui parler,
J'aimais jusqu'à ses pleurs que je faisais couler.
NÉRON, vers 395-402.

J'ose dire pourtant que je n'ai mérité
Ni cet excès d'honneur, ni cette indignité.
JUNIE, vers 609-610.

Caché près de ces lieux, je vous verrai, Madame.

Renfermez votre amour dans le fond de votre âme.
Vous n'aurez point pour moi de langages secrets :
J'entendrai des regards que vous croirez muets.
                                    NÉRON, vers 679-682.

Enfin, Burrhus, Néron découvre son génie :
Cette férocité que tu croyais fléchir,
De tes faibles liens est prête à s'affranchir.
En quels excès peut-être elle va se répandre !
                                    BURRHUS, vers 800-803.

Prince, continuez des transports si charmants.
Je conçois vos bontés par ses remerciements,
Madame. À vos genoux je viens de le surprendre.
                                    NÉRON, vers 1025-1027.

NÉRON
Néron de vos discours commence à se lasser.
BRITANNICUS
Chacun devait bénir le bonheur de son règne.
NÉRON
Heureux ou malheureux, il suffit qu'on me craigne.
                                    Vers 1054-1056.

Le Sénat fut séduit : une loi moins sévère
Mit Claude dans mon lit, et Rome à mes genoux.
C'était beaucoup pour moi, ce n'était rien pour vous.
                                    AGRIPPINE, vers 1136-1138.

Mais Rome veut un maître, et non une maîtresse.
                                    NÉRON, vers 1239.

Elle se hâte trop, Burrhus, de triompher :
J'embrasse mon rival, mais c'est pour l'étouffer.
                                    NÉRON, vers 1313-1314.

Vertueux jusqu'ici, vous pouvez toujours l'être :
Le chemin est tracé, rien ne vous retient plus ;
Vous n'avez qu'à marcher de vertus en vertus.
Mais si de vos flatteurs vous suivez la maxime,
Il vous faudra, Seigneur, courir de crime en crime.
                                    BURRHUS, vers 1340-1344.

Ils adorent la main qui les tient enchaînés.
                                    NARCISSE, vers 1442.

Faites périr le frère, abandonnez la sœur ;
Rome, sur ses autels prodiguant les victimes,
Fussent-ils innocents leur trouvera des crimes.
                              NARCISSE, vers 1450-1452.

Je ne connais Néron et la cour que d'un jour,
Mais, si j'ose le dire, hélas ! dans cette cour
Combien tout ce qu'on dit est loin de ce qu'on pense !
Que la bouche et le cœur sont peu d'intelligence !
Avec combien de joie on y trahit sa foi !
                              JUNIE, vers 1521-1525.

Pour accabler César d'un éternel ennui,
Madame, sans mourir elle est morte pour lui.
                              ALBINE, vers 1721-1722.

Il rentre. Chacun fuit son silence farouche.
Le seul nom de Junie échappe de sa bouche.
Il marche sans dessein, ses yeux mal assurés
N'osent lever au ciel leurs regards égarés,
Et l'on craint, si la nuit jointe à la solitude
Vient de son désespoir aigrir l'inquiétude,
Si vous l'abandonnez plus longtemps sans secours,
Que sa douleur bientôt n'attente sur ses jours.
                              ALBINE, vers 1755-1762.

Plût aux dieux que ce fût le dernier de ses crimes !
                              BURRHUS, vers 1768.

## Biographie (1639-1699)

### CHRONOLOGIE GÉNÉRALE

1639. — 22 décembre, baptême de Jean Racine à La Ferté-Milon. Né d'une famille honorable (son père est procureur au bailliage et greffier au grenier à sel de La Ferté), mais modeste, liée aux jansénistes de Port-Royal.

1641. — Mort de la mère de Racine.

1642. — Agnès Racine, tante de Jean, entre à Port-Royal dont elle sera plus tard abbesse (sœur Agnès de Sainte-Thècle).

1643. — Mort du père de Racine, sans succession. Jean Racine est recueilli par ses grands-parents maternels.

1649. — Mort du grand-père de Racine. Jean est admis à titre gracieux aux Petites Écoles de Port-Royal.

1649-1658. — Éducation de Racine à Port-Royal, sous la direction d'Arnauld, A. Le Maître, Lancelot, Nicole, M. Hamon.

1658. — Racine fait sa philosophie au collège d'Harcourt (à Paris).

1660. — À l'occasion du mariage du roi, ode de *La Nymphe de la Seine, à la Reine.*

1661-1662. — Départ pour Uzès, où son oncle, le vicaire général Sconin, pense pouvoir lui obtenir un bénéfice ecclésiastique. Racine étudie la théologie, lit, écrit des vers.

1663. — Retour à Paris, sans avoir obtenu de bénéfice. *Ode sur la convalescence du Roi,* qui lui vaut une promesse de gratification. Fréquente les milieux littéraires (Boileau, Molière), est présenté à la Cour.

1664. — Première (20 juin) de *La Thébaïde,* par la troupe de Molière, édition de la pièce en octobre. Reçoit une première gratification royale (600 livres).

1665. — Création d'*Alexandre* (4 décembre) par la troupe de Molière. Quelques jours après, Racine donne sa pièce à l'Hôtel de Bourgogne. Brouille avec Molière.

1666. — Édition d'*Alexandre.* Polémique contre Nicole, qui condamnait les auteurs de théâtre. Rupture avec Port-Royal.

1667. — Création d'*Andromaque* (17 novembre) devant le roi et la Cour. Immense succès.

1668. — Édition d'*Andromaque.* Création (en novembre) des *Plaideurs.*

1669. — Édition des *Plaideurs.* Création (13 décembre) de *Britannicus* à l'Hôtel de Bourgogne. Racine se pose en rival de Corneille.

1670. — Édition (janvier) de *Britannicus*. Création de *Bérénice* devant la Cour (14 décembre) puis représentations à l'Hôtel de Bourgogne.

1671. — Édition de *Bérénice*.

1672. — Création de *Bajazet* à l'Hôtel de Bourgogne (5 janvier). Édition le 20 février. Réédition d'*Alexandre*.

1673. — Racine entre à l'Académie française (12 janvier). Création de *Mithridate* (13 janvier) à l'Hôtel de Bourgogne. Édition en mars. Réédition d'*Andromaque*, avec remaniements (juin).

1674. — Création d'*Iphigénie* à Versailles, au cours de fêtes royales (18 août). Racine accède à la charge de Trésorier de France à Moulins (27 octobre). Édition d'*Iphigénie* (février).

1676. — Édition collective des *Œuvres* de Racine, textes et préfaces revus (31 décembre 1675).

1677. — Création (1er janvier) de *Phèdre et Hippolyte*, édition le 15 mars sous le titre de *Phèdre*. Racine épouse Catherine de Romanet ; il aura deux fils et cinq filles. Nommé, avec Boileau, historiographe du roi. Gratification exceptionnelle de 6 000 livres (septembre).

1679. — Racine a renoué avec Port-Royal, en faveur duquel il interviendra de plus en plus souvent. Est soupçonné un moment dans l'« Affaire des poisons ».

1681. — Nouvelle édition d'*Alexandre*.

1683. — Avec Boileau, petit opéra de Cour. Traduction du *Banquet* de Platon. Entre à l'Académie des inscriptions.

1684. — *Éloge historique du Roi sur ses conquêtes depuis 1672 jusqu'en 1678.*

1685. — À l'Académie française, éloge de Pierre Corneille (lors de la réception de Thomas Corneille comme successeur de son frère). *Idylle sur la Paix*, sur une musique de Lully, lors de fêtes royales.

1686. — Racine vient en tête sur la liste des gratifications royales (celle qu'il reçoit n'a cessé d'augmenter depuis 1664).

1687. — Deuxième édition collective des *Œuvres*, avec quelques retouches. *Hymnes tirés du Bréviaire romain.*

1688. — Nouvelle gratification exceptionnelle. Racine travaille à *Esther,* sur la demande de Mme de Maintenon.

1689. — Création d'*Esther* devant le roi (26 janvier). Grand succès mondain, édition en mars. Racine travaille à *Athalie.*

1690. — Racine devient gentilhomme ordinaire du roi.

1691. — Création d'*Athalie* (5 janvier) devant le roi et un public restreint, édition en mars.

1692. — Pension d'historiographe établie à 4 000 livres. Réédition d'*Athalie.*

1696. — Racine négocie en faveur de Port-Royal ; devient conseiller secrétaire du roi. Travaille à l'*Abrégé de l'Histoire de Port-Royal.*

1697. — Troisième édition collective, revue, de ses *Œuvres.*

1699. — 21 avril, mort de Racine. Il sera inhumé au cimetière de Port-Royal.

## Bibliographie

### Sur Racine et l'ensemble de son œuvre

RACINE, *Théâtre complet,* éd. J. Morel et A. Viala, Paris, Garnier, 1980.

BACKÈS, J., *Racine,* Paris, Le Seuil, 1978.

BARTHES, R., *Sur Racine,* Paris, Le Seuil, 1963.

BUTLER, P., *Baroque et Classicisme dans l'œuvre de Racine,* Paris, Nizet, 1958.

GOLDMANN, L., *Le Dieu caché,* Paris, Gallimard, 1956. *Racine,* Paris, L'Arche, 1971.

KNIGHT, R.C., *Racine et la Grèce,* Paris, Nizet, 1950.

MAURON, Ch., *L'Inconscient dans l'œuvre et la vie de Racine,* Gap, Ophrys, 1957.

PICARD, R., *La Carrière de Racine*, Paris, Gallimard, 1956.

POMMIER, J., *Aspects de Racine*, Paris, Nizet, 1954.

ROUBINE, J.-J., *Lectures de Racine*, Paris, Colin, 1971.

SCHERER, J., *Racine et/ou la cérémonie*, Paris, P.U.F., 1982.

### Sur la situation de Racine dans la vie littéraire de son temps

VIALA, A., *Naissance de l'écrivain*, Paris, éd. de Minuit, 1985.

### Sur la pièce elle-même et son interprétation

BONNET, P., « Les diverses manières d'appeler Néron », *Jeunesse de Racine*, Uzès, 1969, pp. 44 *sqq.*

BRODY, J., « Les yeux de César », *Studies in XVII[th] French Lit.*, 1962.

COUTON, G., « *Britannicus*, tragédie des cabales », *Mélanges Lebègue*, Nizet, 1969, pp. 266 *sqq.*

## Lexique

Sont relevés ici les termes aujourd'hui vieillis, ou employés dans le texte selon un sens particulier en français classique.

**Abord (d'abord)** : signifie : tout d'abord, tout de suite, d'emblée - v. 1728.

**Amant** : qui aime et est aimé en retour - v. 452, 954.

**Amitié** : utilisé comme synonyme d'amour - v. 971.

**Avouer** : confirmer, soutenir - v. 598, 852.

**Balance** : synonyme d'équilibre (emploi au sens propre au vers 259) - v. 68.

**Captivés, captiver** : au sens de « retenir prisonnier » - v. 601, 716.

**Commune** : ordinaire, semblable à celle de tous - v. 971.

**Confidence** : communication d'un secret, mais aussi don de sa confiance - v. 167, 1597.

**Confondre** : couvrir de confusion, frapper d'étonnement - v. 762, 1655.

**Couvert, couvrir** : dissimuler - v. 346, 1507.

**Créature** : personne qui doit son poste, ses fonctions, à une autre - v. 152.

**Crédit** : influence, autorité - v. 90.

**Débris** : chute, ruine - v. 556.

**Démon** : sens ancien de «génie, bon ou mauvais, attaché à la destinée d'un homme» - v. 701.

**Distraire** : détourner - v. 1747.

**Ennui** : peine profonde, désespoir - v. 1741.

**Envisager** : porter ses regards sur - v. 1107.

**Étonné, étonnement** : au sens premier : comme frappé par le tonnerre - v. 321, 377, 397, 506, 603, 1193, 1739.

**Fier, fierté** : cruel, féroce - v. 36, 38, 393.

**Foi, se fier** : confiance ou engagement pris, parole donnée - v. 146, 326, 513, 607, 720, 843, 1457, 1485, 1525.

**Frein** : sens premier : mors servant à diriger et arrêter un cheval - v. 72, 818.

**Furies** : allusion mythologique : les Furies (en grec, Érinnyes) étaient les déesses chargées de punir les crimes humains - v. 1683.

**Généreux** : d'un naturel noble - v. 21.

**Génie** : naturel, caractère - v. 506.

**Humeur** : tempérament, complexion - v. 36.

**Hymen, hyménée** : mariage - v. 63, 248, 479, 598, 644, 1124, 1410, 1663.

**Intelligence** : accord, entente - v. 916, 992, 1311, 1524, 1543.

**Neveux** : descendants - v. 1734.

**Nœud** : mariage - v. 486.

**Parricide** : s'employait pour désigner non seulement le meurtre du père, mais aussi celui de la mère, voire de tout membre de la famille - v. 1384, 1431.

**Respirer** : prendre du repos, se détendre - v. 594.

**Ressentir** : éprouver les conséquences, les suites - v. 837.

**Ruine** : chute, perte - v. 60, 836, 1315.

**Séduire** : détourner du droit chemin - v. 184, 914, 1136, 1537.

**Signaler** : rendre remarquable - v. 1357.

**Surprendre** : s'emparer de, saisir à l'improviste - v. 887.

## Index des noms propres

Pour les personnages de la pièce, se reporter aux commentaires, aux notes et au tableau généalogique.

**Agrippa** : dit Postumus ; petit-fils d'Auguste, assassiné sur ordre de Tibère - v. 865.

**Auguste** (63 av. J.-C. - 14 ap. J.-C.) : petit-neveu de César, se nommait Octave. Fut d'abord membre du triumvirat, puis s'empara entièrement du pouvoir en 27 av. J.-C. et fonda le régime impérial à Rome - v. 30, 32, 66, 163, 198, 244, 476, 864, 1728.

**Caïus** (12-41 ap. J.-C.) : Caïus Caligula. Fils de Germanicus et d'Agrippine l'ancienne, petit-fils adoptif de Tibère, qui lui laissa l'empire. Son règne (37-41) fut un temps de violences et de cruautés - v. 40.

**Claudius (Claude)** (10 av. J.-C. - 54 ap. J.-C.) : empereur de 41 à 54, père de Britannicus. Avisé, mais maladif et craintif - v. 65, 187, 563, 584, 861, 1124, 1134, 1137, 1144, 1146, 1155, 1167, 1173, 1193, 1243, 1446, 1654.

**Corbulon** : brillant général que Néron obligea à se suicider en 67 - v. 207.

**Domitius Ænobarbus** : surnom de la lignée paternelle de Néron - v. 18, 36, 845, 1040.

**Germanicus** : surnom de Julius Caesar *Nero*, père d'Agrippine, célèbre par ses victoires sur les Germains. Néron, de la famille des Domitius, reçut par faveur spéciale de Claude le droit de porter le nom de Néron, en souvenir de son grand-père maternel, Germanicus Nero - v. 164, 844, 1172.

**Livie** (56 av. J.-C. - 29 ap. J.-C.) : épouse d'Auguste, mère de Tibère - v. 84, 476.

**Locuste** : empoisonneuse qui, selon Tacite, fut employée par Agrippine pour faire mourir Claude - v. 1392.

**Néron** : dans cet emploi, il s'agit du surnom de la lignée paternelle d'Agrippine (voir GERMANICUS) - v. 38.

**Octavie** : fille de l'empereur Claude et de sa première femme Messaline. Épouse de Néron qui la répudia pour épouser Poppée - v. 83, 461, 475, 485, 530, 532, 534, 595, 597, 608, 785, 883, 1215, 1568, 1607, 1724.

**Othon** (32-69 ap. J.-C.) : avait épousé Poppée, puis divorcé par ordre de Néron. Fut empereur en 69 - v. 1205.

**Pallas** : affranchi de Claude, et l'un de ses favoris. Le poussa à épouser Agrippine - v. 304, 356, 363, 366, 376, 494, 495, 761, 811, 835, 1129, 1145, 1217, 1253, 1291, 1299.

**Pison** : homme politique romain, célèbre par la conspiration qu'il tenta contre Néron ; s'ouvrit les veines en 65 - v. 906-907.

**Plautus** : homme politique romain. D'après Tacite, Agrippine avait envisagé de l'épouser. Condamné à mort par Néron en 62 - v. 906-907.

**Sénécion** : fils d'affranchi et compagnon de débauche de Néron, selon Tacite. Compromis dans la conjuration de Pison, il fut exécuté en 65 - v. 1205.

**Sénèque** (2-66 ap. J.-C.) : célèbre philosophe stoïcien, précepteur de Néron ; approuva certains de ses crimes (dont l'assassinat d'Agrippine) mais, compromis dans la conjuration de Pison, il fut contraint au suicide en 65 - v. 114, 184, 462, 805, 846, 1165, 1201, 1470.

**Silanus** : descendant d'Auguste, un temps fiancé à Octavie, il fut obligé par Agrippine de se suicider - v. 65, 226, 1141.

**Thraseas** : sénateur, célèbre pour son indépendance et son stoïcisme. Condamné à mort en 62 - v. 207.

**Tibère** : fils de Livie et fils adoptif d'Auguste ; lui succéda et fut le deuxième empereur de Rome (14-37). Bon politique, mais dont le règne finit par des cruautés et la terreur - v. 163, 479, 864, 1444.

# TABLEAU CHRONOLOGIQUE

| LES RÈGNES | Événements mentionnés dans la pièce, ou auxquels il est fait allusion |
|---|---|
| 49 av. J.-C. : prise du pouvoir par Jules César. | |
| *César* | |
| 44 av. J.-C. : assassinat de César. | |
| 27 av. J.-C. : Octave prend le pouvoir et reçoit le nom d'Auguste. | |
| *Auguste* | 18 av. J.-C. : Auguste adopte Agrippa (mort en 12 av. J.-C.). |
| | 4 ap. J.-C. : adoption de Tibère. |
| 14 ap. J.-C. : mort d'Auguste. | Campagnes de Germanicus en Germanie. |
| *Tibère* | 19 ap. J.-C. : mort de Germanicus. |
| | Tibère fait régner la terreur. |
| 37 : mort de Tibère. | |
| *Caligula* | Folie de Caligula. Terreur. |
| 41 : assassinat de Caligula. | |
| *Claude* | 49 : Claude se remarie avec Agrippine, après avoir répudié Messaline. |
| 54 : assassinat de Claude. | Corbulon conquiert l'Arménie. |

| Les règnes | Événements mentionnés dans la pièce, ou auxquels il est fait allusion |
|---|---|
| *Néron* | **55 : assassinat de Britannicus.**<br>59 : assassinat d'Agrippine.<br>64 : incendie de Rome.<br>65 : conjuration de Pison, condamnation à mort de Pison, de Sénèque. |
| 68 : mort de Néron.<br>*Galba* empereur.<br>69 : assassinat de Galba.<br>*Othon* empereur. | |

*Les faits historiques en 55 av. J.-C.*

En 55 av. J.-C., Néron est dans la seconde année de son règne. Il a alors dix-huit ans ; Britannicus en a un peu plus de quatorze, et Agrippine trente-neuf. Racine a donc légèrement vieilli Britannicus. Narcisse avait été assassiné sur ordre d'Agrippine, dès la mort de Claude. Il semble que, bien qu'il ait eu des rapports avec Néron, Narcisse était plutôt du parti de Britannicus. Racine a donc modifié à la fois la position et la date de mort de ce personnage, dont il fait l'âme damnée de Néron, comme il a aussi « inventé » le personnage de Junie et la rivalité amoureuse qu'elle provoque (voir « Originalité de l'œuvre »).

Mais pour l'essentiel, la pièce respecte la réalité historique. Néron avait bien été amené au pouvoir par les manœuvres d'Agrippine, qui réussit à se faire épouser en secondes noces par l'empereur Claude, et à faire adopter par celui-ci le fils qu'elle avait eu d'un premier mariage avec Ænobarbus. Elle déposséda ainsi Britannicus, premier enfant de Claude, mais plus jeune que Néron, de ses droits éventuels à la succession. Mais ensuite, comme Néron ne lui obéissait plus, elle le menaça de soutenir Britannicus. Néron décida alors de faire empoisonner son frère adoptif, à l'occasion d'un festin.

Pour cela, il fit préparer un poison par l'empoisonneuse Locuste :
« Ensuite, il l'essaya sur un chevreau ; mais comme cet animal avait encore vécu cinq heures, il le fit recuire (le poison) plusieurs fois et présenter à un jeune porc ; celui-ci étant mort sur-le-champ, il ordonna de porter le poison dans la salle à manger et de le faire boire à Britannicus qui dînait avec lui. » (Suétone, *Vies des douze Césars*, traduit par H. Allioud, éd. Belles-Lettres).

# TABLEAU GÉNÉALOGIQUE

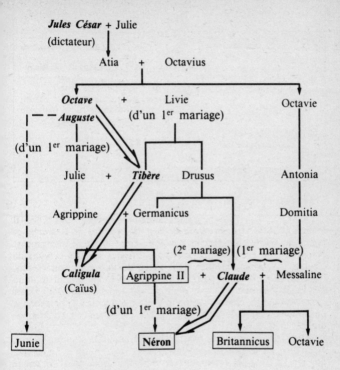

*Claude*    empereurs

Junie    Personnages de la pièce de Racine

⟹    relation d'adoption

# Notes

**Page 19.**

1. La famille de Chevreuse était liée à Port-Royal, où le jeune duc fit ses études, comme Racine. Il avait épousé la fille de Colbert.

2. Colbert.

**Page 21.**

1. Préface de l'édition de 1670. Pour les citations, le texte de Racine fournit en général une traduction du latin. Sinon, elle est indiquée dans les notes suivantes.

**Page 22.**

1. Tacite, *Annales*, XIII, 1.

2. Dans *Héraclius*, Corneille prolonge de douze ans le règne de Phocas.

3. Sénèque, *Apocolokyntose*, VIII (« la plus agréable des jeunes filles »).

4. Tacite, XII, 4.

**Page 23.**

1. Pourtant, Racine supprima cette scène ensuite.

2. Allusions aux personnages de Corneille : Attila, Agésilas, César et Cornélie (ces deux derniers dans *La Mort de Pompée*).

3. Se récrier d'admiration.

**Page 24.**

1. Longin (pour la citation : « Que diraient Homère et Virgile... »), *Traité du sublime*, XII.

2. Cicéron, *La République*, VI, 6.

3. Térence, *L'Eunuque*, prologue. Chez Térence, l'attaque vise le poète Lucius ; Racine vise Corneille. (« On commence à jouer - Il s'écrie... »)

4. Aulu-Gelle, *Nuits attiques,* I, 12.

*Page 25.*

1. Térence, *Les Adelphes,* vers 99 (« Nul ne fut jamais plus injuste qu'un incapable »).

2. Préface de l'édition de 1676, conservée en 1697. Beaucoup moins polémique que la précédente, elle donne davantage de références historiques, à Tacite en particulier (pour celles qui sont reprises de la première préface, se reporter aux notes de celle-ci) : Racine souligne ainsi que *Britannicus* atteste son savoir.

*Page 26.*

1. Tacite, *Annales,* XIV, 56 (« Naturellement doué pour voiler sa haine sous de feintes caresses »).
Tacite, XIII, 47 (« Jusque-là, Néron s'efforça de dissimuler ses débauches et ses crimes »).

2. Tacite, XIII, 12 (« par fatalité ou par goût du fruit défendu ; il était à craindre qu'il ne débauchât des femmes de haut rang »).

3. Tacite, XIII, 1.

4. *Idem,* XIII, 2 et XIV, 51.

5. *Idem* (« qui, irritée par la folie d'un pouvoir mauvais, avait mis Pallas de son côté »).

*Page 27.*

1. XII, 16.

2. XII, 26.

3. XIII, 15.

*Page 28.*

1. C'est-à-dire : une pièce. Il s'agit en fait de l'antichambre de Néron, où il recevait ses visiteurs.

*Page 30.*

1. Trois ans depuis son adoption par Claude, et deux ans depuis son accession au pouvoir.

2. Avant l'établissement de l'Empire, Rome était gouvernée par des consuls, magistrats élus chaque année.

3. Octave, devenu empereur sous le nom d'Auguste, s'était emparé du pouvoir par la violence et la guerre civile.

*Page 31.*

1. Tournure vieillie, imitée du latin (« aurait dû »).

*Page 32.*

1. Les faisceaux, constitués par un assemblage de baguettes liées autour du manche d'une hache, étaient les emblèmes des plus hautes dignités à Rome. Les « licteurs » les portaient, marchant devant les magistrats qui avaient droit à cette distinction. Agrippine bénéficiait donc d'un honneur en principe réservé à l'empereur et aux consuls.

2. Ces faits sont tirés de Tacite, *Annales,* XIII, 5.

*Page 34.*

1. Burrhus et Sénèque.

*Page 35.*

1. En établissant l'Empire, Auguste avait conservé les apparences de la République. Les consuls n'avaient plus qu'une fonction honorifique, mais représentaient, en théorie, le pouvoir du peuple. Néron a donc eu soin d'obtenir l'approbation des représentants politiques de la Cité à propos de l'enlèvement de Junie.

2. « J'aurais pu » (voir note page 31). Agrippine reproche à Burrhus, qui est « sa créature » (elle lui a fait obtenir sa fonction et son pouvoir) d'inverser les rôles.

3. Voir tableaux généalogique et chronologique. Par Germanicus elle descend de Tibère ; elle était sœur de Caligula, fut l'épouse de Claude, est la mère de Néron.

*Page 36.*

1. Antiphrase : Sénèque et Burrhus étaient en disgrâce quand Agrippine leur confia Néron, pour s'être opposés aux courtisans flatteurs et malhonnêtes ; ils étaient réputés pour leur vertu.

*Page 37.*

1. Pallas et Narcisse, ainsi qu'un troisième (Calliste), étaient les esclaves favoris de l'empereur Claude, qui les avait affranchis et se laissa mener par eux.

*Page 38.*

1. À Rome, la transmission du pouvoir impérial se faisait de façon très légitime par adoption. Junie, quoique de la famille d'Auguste, n'a donc pas de droits décisifs au trône, même si elle représente une lignée illustre et prestigieuse. Racine projette ici, en partie, les façons de penser politiques du XVIIIᵉ siècle sur le monde romain.

*Page 39.*

1. Changement syntaxique : le « vous » représente dans ce vers Agrippine et Néron, alors que dans les phrases précédentes, il correspond à un pluriel de majesté. Ces ruptures de construction (ou anacoluthes) sont un des procédés de Racine pour rapprocher la rédaction en alexandrins des structures de l'expression orale directe.

*Page 40.*

1. C'est-à-dire : « les injures qui vous sont infligées ».

*Page 41.*

1. Sous-entendu : Britannicus ne veut pas supporter longtemps d'être écarté du pouvoir.

2. Licence orthographique destinée à assurer la rime pour l'œil.

*Page 44.*

1. L'accord du participe n'était pas fixée au XVIIᵉ siècle : *laissée.*

*Page 48.*

1. Auguste répudia Scribonie pour épouser Livie, et adopta le fils que celle-ci avait déjà, Tibère. Tibère, à son tour, après avoir épousé Julie, fille d'Auguste et de Scribonie, la répudia en l'accusant d'immoralité.

*Page 55.*

1. « Qui m'intéresse à son sort » (usage aujourd'hui impossible de la préposition « dans »).

*Page 58.*

1. « S'attendre » est ici employé au sens vieilli de « compter sur ».

*Page 59.*

1. Narcisse fait allusion à son plus grand succès politique, quand il persuada Claude de répudier Messaline.

*Page 61.*

1. Louis Racine, dans ses *Mémoires,* affirme que dans une première rédaction son père faisait débuter l'acte III par une scène où s'affrontaient Narcisse et Burrhus. Il en donne même le texte. La chose est possible ; mais on ne trouve trace de cette version dans aucune édition de l'époque, ni à propos d'aucune représentation.

*Page 64.*

1. C'est-à-dire : qui n'ont produit pour elle aucun profit, et seulement du repentir.

2. Dans l'Empire romain, l'empereur était désigné par l'armée : l'acclamation par les légions était indispensable à l'instauration et à la légitimité de son pouvoir. Voir plus loin comment Néron accéda au trône (vers 858).

3. Sous l'Empire, le tribun n'était qu'un officier de second plan : Agrippine rappelle ici qu'elle a tiré Burrhus d'un rang obscur.

*Page 66.*

1. D'après Tacite (*Annales,* XIV, 9) Agrippine avait été informée par des astrologues d'une prédiction selon laquelle Néron la tuerait (voir vers 1281 et 1700).

*Page 68.*

1. Rime pour l'œil (voir note 2 page 41 ; également vers 514 et 690).

*Page 75.*

1. Adopté par Claude, Néron était devenu en droit « frère » de Britannicus. Racine s'inspire ici de Tacite (*Annales,* XII).

*Page 78.*

1. Pour comprendre le récit qui suit, se reporter aux tableaux généalogique et chronologique. Si Germanicus était neveu de Tibère, et si donc Agrippine appartenait à la famille impériale, Néron, fils de son premier mariage, ne s'y rattachait que de façon très éloignée. De plus, elle était nièce de Claude et il fallut un sénatus-consulte exprès pour rendre possible leur mariage (voir vers 1133-1137).

2. Messaline, répudiée et condamnée à mort pour son inconduite.

*Page 80.*

1. On l'accusa d'avoir empoisonné l'empereur.

2. Elle fit ouvrir les portes et on apprit la mort de Claude.

*Page 81.*

1. Les « aigles » (nom féminin dans ce cas) étaient les emblèmes des légions. L'usage était de les présenter à l'empereur, lors

des départs et retours de campagnes : Agrippine jouissait donc
d'un privilège hors de la tradition, comme pour les faisceaux
(voir note page 32).

*Page 83.*

1. Ce qui suppose que Burrhus entre, sans avoir été appelé
ni annoncé : ce jeu de scène, montrant un acte non conforme
aux usages de la cour, a valeur de signe soulignant la tension du
moment.

*Page 85.*

1. On peut comparer avec *Cinna,* notamment la tirade
d'Émilie, acte IV, scène 3, vers 1199 à 1216 : Corneille y
oppose les avantages de la bonté et du pardon aux risques de la
répression. Racine reprend ici le même thème.

*Page 86.*

1. Ce détail est dans Tacite et Suétone.

*Page 89.*

1. Tacite, *Annales,* III, 65 : Tibère faisait régner la terreur et
la Cité se soumit à sa tyrannie. Cependant, Narcisse occulte le
fait que les aristocrates multipliaient les complots contre lui.

*Page 98.*

1. Autre récit imité de Tacite (*Annales,* XIII, 16). Verser
quelques gouttes avant de boire, en offrande aux dieux, était un
geste rituel : les dieux devenaient garants de l'engagement
pris.

2. L'épilepsie, dont, selon Tacite, Britannicus aurait souf-
fert.

*Page 100*

1. Allusion à la suite du règne de Néron, que le public cultivé connaissait : la tragédie représentée apparaît ainsi comme
le début d'une série d'événements tragiques. Sur les crimes de
Néron, se reporter à l'Index.

*Page 103.*

1. Auguste fut divinisé à sa mort.

2. Sa vue étant frappée par de tels spectacles.

# Table

*Table* 160

## *Crédit photos*

Lipnitzki-Viollet pp. 6, 33 et 45.
Enguerrand pp. 71 et 93.

Composition réalisée par C.M.L., Montrouge

IMPRIMÉ EN FRANCE PAR BRODARD ET TAUPIN
Usine de La Flèche (Sarthe).
LIBRAIRIE GÉNÉRALE FRANÇAISE - 6, rue Pierre-Sarrazin - 75006 Paris.

ISBN : 2 - 253 - 03795 - 8      ♦ 30/6137/1